Derecho a la educación
e inteligencia artificial

LEONOR MORAL SORIANO

Derecho a la educación e inteligencia artificial

⬤ INTELIGENCIA ARTIFICIAL JURÍDICA ⬤

Esta publicación es parte del proyecto Gobernanza de la educación (GO-Educación) PID2021-126869OB-I00 financiado por MICIU/AEI /10.13039/501100011033 y por FEDER, UE.

Maquetación y diseño editorial:
Virginia Vílchez Lomas

© Leonor Moral Soriano

© Editorial Comares, 2024

Polígono Juncaril • C/ Baza, parcela 208 • 18220 Albolote (Granada)
Tlf.: 958 465 382 • www.comares.com • E-mail: libreriacomares@comares.com
facebook.com/Comares • twitter.com/comareseditor • instagram.com/editorialcomares

ISBN: 978-84-1369-741-3 • Depósito legal: Gr. 596/2024

Impresión y encuadernación: COMARES

SUMARIO

CAPÍTULO 1
APRENDIZAJE PERSONALIZADO Y EDUCACIÓN AUTOMATIZADA

CAPÍTULO 2
LOS NUEVOS PERFILES DEL DERECHO A LA EDUCACIÓN

CAPÍTULO 3
DERECHOS FUNDAMENTALES
EN LA REGULACIÓN DE LA INTELIGENCIA ARTIFICIAL: LA EVALUACIÓN DE IMPACTO SOBRE LOS DERECHOS FUNDAMENTALES

CAPÍTULO 4
DERECHOS FUNDAMENTALES
AFECTADOS POR LAS TECNOLOGÍAS EDUCATIVAS

CAPÍTULO 5
LA FINANCIACIÓN DE LA TRANSFORMACIÓN DIGITAL: EL SEMESTRE EUROPEO Y EL MECANISMO DE RECUPERACIÓN Y RESILIENCIA

Para Alfonso

INTRODUCCIÓN

Los últimos avances de la inteligencia artificial nos abruman a diario con debates sobre la inminente y radical transformación del mismísimo ser humano, cuya propia naturaleza podría verse alterada fisiológica, social y culturalmente. No es de extrañar, así pues, el renovado auge que han experimentado las corrientes posthumanistas y transhumanistas. En este contexto, la reflexión filosófica y la literatura de ciencia ficción parecieran tocarse hasta confundirse (e.g. Alexy y García Figueroa, 2007). Quizá sea el caso cuando Dévorah Danowsky y Eduardo Viveiros de Castro conjeturan que algún día un futuro *homo excelsior* (Llano 2019) llegará no sólo a dominar la Tierra, sino que un día se confundirá con el Universo y entonces «todo será humano (….) o, dirían los más maliciosos, todo será californiano» (*i.e.* todo será Sylicon Valley) (Danowsky y Viveiros de Castro, 2019, p. 95). Ciertamente, se trata tan sólo de un ejemplo extremo de cómo las inmensas posibilidades de la inteligencia artificial excitan al mismo tiempo nuestra reflexión y nuestra imaginación. Y sin embargo, la inteligencia artificial está abandonando su confinamiento en la ciencia ficción y el utopismo. Comienza ya a ser una herramienta de uso diario que condiciona muy seriamente nuestra vida cotidiana y muy especialmente la de nuestros menores. El impacto de las tecnologías de la inteligencia artificial sobre su educación ya es uno de los desafíos más importantes que debe afrontar nuestra sociedad.

Imaginemos ahora un colegio provisto con la mejor tecnología educativa. Los jóvenes discentes acuden a las instalaciones, a las que un sistema de inteligencia artificial basado en reconocimiento facial les da acceso. Cuando llega a su aula, cada niño se sienta en su pupitre orientado a la pizarra, siguiendo una rutina que los siglos no logran cambiar. En la pizarra, que ahora es digital, le da la bienvenida su profesor junto a un avatar de realidad aumentada que le asistirá en clase, sobre todo porque hoy toca experimento de química y no queremos correr riesgos. Los chavales sacan los dispositivos electrónicos de sus mochilas y se calan un gorro provisto de sensores que recogerán datos sobre su actividad cerebral a fin de evaluar y vigilar su estado de atención (o distracción) cuando comiencen las explicaciones. Estos dispositivos electrónicos de los estudiantes están conectados a un sistema de inteligencia artificial que personaliza el aprendizaje, que les irá indicando qué ejercicios hacer y qué materias reforzar para superar la asignatura. El profesor siempre supervisa la actividad docente, aunque solo interviene a través de la plataforma de aprendizaje desde donde supervisa la actividad de los estudiantes. Los estudiantes no lo saben, pero otro sistema de inteligencia artificial controla a su vez la actividad del docente, recogiendo y analizando tanto sus intervenciones pedagógicas como sus gestos, tono de voz, emociones, etc. Por cierto, ese día toca evaluación. Los exámenes no son iguales para todos, porque no todos tenemos las mismas capacidades; así que el sistema de inteligencia artificial propone a cada estudiante aquellos ejercicios que podrá concluir de forma exitosa. Cuando comienza el examen, el sistema *e-proctoring* del colegio se pone en funcionamiento para evitar que los estudiantes se copien. La calificación de la asignatura se la proporcionará otro sistema de inteligencia artificial basado en tecnología de caja negra, que cruzará la ingente cantidad de datos que ha ido recogiendo del estudiante tanto dentro como fuera del centro educativo, y formulará una predicción de la misma. Más adelante, será también el algoritmo el que indique (todo mediante una predicción) si el estudiante podrá acceder a un grado medio de formación profesional, a estudiar bachillerato, o si necesita una ulterior formación en competencias que no ha alcanzado. En los cursos de bachillerato, a partir de análisis de miles de datos recogidos durante la vida escolar del estudiante, el sistema de inteligencia artificial le propondrá presentarse al examen de acceso a la universidad. Por las mismas, otros estudiantes no correrán la misma suerte ya que el sistema no los considerará aptos para afrontar la prueba de acceso a la universidad. En efecto, suena a ciencia ficción, pero ya no lo es porque recoge sistemas de inteligencia artificial que ya se aplican en el ámbito de la educación. Son las denominadas tecnologías educativas: sistemas que combinan la inteligencia artificial y la ciencia de datos.

Personalmente, estoy plenamente convencida de que las tecnologías educativas nos van a ayudar a logar una educación de mejor calidad y más equitativa. La educación personalizada, adaptada a las capacidades de cada uno, va a revolucionar una enseñanza decimonónica basada en currículos monolíticos y pruebas estandarizadas. Sin embargo, también estoy convencida de que la tecnología educativa tampoco es el bálsamo de Fierabrás y, por tanto, debemos evitar caer en la trampa del llamado «solucionismo». Se ha denominado «solucionismo» a la retórica que desestima la mera posibilidad de que la mejor solución a un problema no pase necesariamente por el recurso a la tecnología (Selbst, *et al.*, 2019).

Conviene, por tanto, mantener una actitud crítica frente a todas estas medidas, una vez constatados sus beneficios y riesgos. Para ello me propongo abordar tres interrogantes:

- ¿Qué son las tecnologías educativas y para qué sirven en la educación?
- ¿Qué riesgos tienen las tecnologías educativas sobre los derechos fundamentales?
- ¿Cómo se financian las tecnologías educativas?

En la respuesta a todos ellos, la Unión Europea se ha involucrado decididamente. Es la Unión la que establece las líneas estratégicas de la política educativa, y con ella de la permeabilidad a las tecnologías educativas. Por supuesto que es la Unión la que ha propuesto un modelo regulatorio de inteligencia artificial centrado en la protección de los derechos fundamentales y en la evaluación de impacto sobre los derechos fundamentales.

Y es, en fin, la Unión quien establece las líneas de inversión en materia de tecnologías educativas. Son razones más que suficientes para que esta obra preste especial atención a continuación al Reglamento de Inteligencia Artificial de la Unión Europea y al Semestre Europeo para la coordinación de políticas macroeconómicas.

La investigación de esta obra se ha desarrollado en el marco del Proyecto GO-Educación PID2021-126869OB-I00 financiado por MICIU/AEI /10.13039/501100011033 y por FEDER, UE. Pero hubiera sido imposible sin la ayuda de mis queridos colegas del Departamento de Derecho Administrativo de la Universidad de Granada. Con todo, es una cuestión de justicia agradecer muy especialmente a los profesores Estanislao Arana, María Asunción Torres, Alfonso García Figueroa, Fernando Llano y Juli Ponce, la confianza que siempre han tenido en esta investigación.

Granada, 4 de febrero de 2024

CAPÍTULO I

APRENDIZAJE PERSONALIZADO
Y EDUCACIÓN AUTOMATIZADA

CONCEPTO (NORMATIVO) DE INTELIGENCIA ARTIFICIAL

A la hora de examinar las conexiones entre inteligencia artificial y educación resulta imprescindible anticipar el carácter normativo del concepto de inteligencia artificial[1]. Benbouzid, *et al.* (2022) clasifican las posturas hacia la inteligencia artificial siguiendo dos criterios: el concepto de inteligencia artificial empleado y el tipo de control al que ésta se somete. Desde el punto de vista del concepto empleado, cabe distinguir dos posiciones: la de quienes la consideran como una disciplina científica, y la de quienes consideran la inteligencia artificial como un servicio o producto de mercado. Desde el punto de vista del control al que se somete la inteligencia artificial, cabe distinguir asimismo dos posiciones: la de quienes sostienen la necesidad de controles abstractos y la de quienes abogan por controles específicos.

[1] La definición de inteligencia artificial es una cuestión difícil por su extraordinaria evolución si bien existe cierto consenso en relación a dos notas características: autonomía y adaptabilidad. La autonomía en el contexto de la inteligencia artificial se refiere a la capacidad de un sistema para operar de manera independiente, sin la necesidad de la intervención humana constante. Los sistemas de inteligencia artificial están diseñados para tomar decisiones y realizar tareas por sí mismos, basándose en datos y algoritmos predefinidos. Por ejemplo, los asistentes virtuales como Siri o Alexa ilustran con su funcionamiento tal autonomía ya que pueden responder preguntas y llevar a cabo acciones sin intervención humana directa. La adaptabilidad se refiere, en cambio, a la capacidad de un sistema para aprender y ajustarse a medida que adquiere nueva información y se enfrenta a situaciones cambiantes. Los algoritmos de aprendizaje automático y el aprendizaje profundo permiten a los sistemas de inteligencia artificial adaptarse y mejorar con el tiempo. Por ejemplo, los motores de recomendación de plataformas en *streaming* utilizan algoritmos de aprendizaje automático para adaptar las sugerencias de contenido según las preferencias y el comportamiento de los usuarios.

En consecuencia, Benbouzid, *et al.* (2022) identifican cuatro discursos en los que se involucran diversas concepciones normativas de inteligencia artificial.

a) La inteligencia artificial es una ciencia e ingeniería, tal y como la definía McCarthy en el año 1956, cuya finalidad es hacer máquinas inteligentes, especialmente programas de computación. Esta disciplina científica ha derivado en una super-inteligencia que superará a la inteligencia humana. Llano Alonso nos recuerda la proximidad al transhumanismo que comportará el cambio de paradigma ético, socio-político y cultural propio de la modernidad (Llano Alonso, 2018, p. 30) y donde la sociedad llegará a ver en la inteligencia artificial un ideal político con el que se superarán las limitaciones de los seres humanos (Benbouzid *et al.*, 2022, 37). El peligro que se sopesa en este escenario es la pérdida de control sobre sus desarrollos. Se trata de un riesgo que ya nos anuncian las máquinas cuando aprenden a evitar que las interrumpan durante su funcionamiento[2]. En respuesta a estos riesgos, la propuesta normativa consiste en que los humanos sólo podamos ejercer controles abstractos[3].

b) La ciencia de computación (la disciplina científica de la inteligencia artificial) propone soluciones técnicas (específicas) para su control. Desde esta perspectiva, la propuesta normativa consiste en alguna forma de auto-regulación técnica de y por la ciencia.

c) La inteligencia artificial es un segmento técnico-económico. Desde este punto de vista, los desarrolladores de inteligencia artificial prestan un servicio u ofrecen un producto en el mercado, por lo que el control deberá ejercerse sobre el mercado.

d) La inteligencia artificial son sistemas socio-técnicos que combinan elementos técnicos y sociales, interactuando de manera autónoma y adaptativa con seres humanos y en un contexto social. Desde este punto de vista, quedan sujetos a la crítica social y al control democrático[4]. El derecho, y

---

[2] Por ejemplo, Lauren Orseay (Google DeepMind) y Stuart Armstrong (The Future of Humanity Institute) ofrecen una definición formal de interrupción segura para probar que ya existen agentes que pueden interrumpir de forma segura el sistema de inteligencia artificial como *Q-learning*.

[3] Surgen así instituciones como *Future of Humanity Institute, Centre for the Study of Existencial Risk, Future of Life Institute,* y *Berkeley Existential Risk Initiative*, entre otras, que trabajan en estrecha colaboración para evitar peligros indeseables de la inteligencia artificial super-inteligente como es la pérdida de control sobre ella.

[4] LESLIE, *et al.*, proponen, en esta misma línea, identificar los riesgos y oportunidades de los sistemas de inteligencia artificial para así identificar mejor los derechos y los sistemas de protección,

sobre todo los derechos fundamentales, son instrumento de control de los sistemas de inteligencia artificial (Benbouzid, *et al.*, 2022, p. 45).

En Europa, el Reglamento de responsabilidad por productos defectuosos o el Reglamento de inteligencia artificial (RIA en adelante) aparentemente se inscriben en los dos últimos discursos cuando adoptan un concepto normativo de carácter técnico-económico (relativo al mercado) o socio-técnico (relativo al Derecho), en el sentido recién indicado. Significativamente, el acuerdo político entre el Consejo y el Parlamento Europeo relativo al RIA de 9 de diciembre de 2023 no sólo incluye una evaluación de impacto sobre los derechos fundamentales; sino que además, adopta como unidad de medida los potenciales riesgos para los derechos fundamentales a la hora de calificar la gravedad de los riesgos.

DERECHO A LA EDUCACIÓN

En el marco conceptual de los sistemas socio-técnicos de inteligencia artificial, los derechos fundamentales no son percibidos como víctimas arrolladas por la tecnología, sino como bastiones para la defensa y prevención de los riesgos que genera. En lo que nos ocupa ahora, el derecho fundamental a la educación (art. 27 CE) deviene un valioso instrumento para el control de los desarrollos tecnológicos aplicados en la prestación del servicio educativo. Ahora bien, en aras a la corrección metodológica, se debe abordar previamente una aproximación conceptual a este derecho fundamental que consagra nuestra Constitución.

El fundamento del derecho a la educación está recogido en el artículo 27.2 CE (en relación con el artículo 10.1 CE): la educación debe tener como objeto el desarrollo de la personalidad. Por un lado, este principio es clave para interpretar todo el derecho de la educación, puesto que el sistema educativo ofrezce al alumno algo más que la mera trasmisión de conocimientos. De lo que se trata es de procurarle una formación que le permita desarrollarse como ser humano y como ciudadano democráticamente activo. En definitiva, el derecho a la educación implica que para alcanzar su objetivo —el desarrollo de la personalidad— ésta se debe realizar en libertad. Por otro lado, en relación a la vertiente negativa de este derecho fundamental, el objeto de la educación según el artículo 27.2 CE exige la prohibición de una educación sectaria, que incurra en adoctrinamiento o en inconstitucionalidad por resultar contraria a los derechos y libertades fundamentales; pero también prohíbe la creación de centros privados cuyo ideario sea contrario a los principios

---

así como clarificar los derechos existentes y reconocer, si fuera necesario, nuevos derechos (Leslie, *et al.*, 2021, p. 14)

democráticos y a los derechos y libertades fundamentales (Domínguez-Berrueta de Juan y Sendín García, 2005, pp. 146-147).

El derecho a la educación presenta asimismo una dimensión típica del Estado social que está consagrada en el artículo 27.1 CE. Se trata de un derecho que es caracterizado por la doctrina como un derecho prestacional, que faculta a los ciudadanos para reclamar una determinada actuación de los poderes públicos, que asumen así el deber positivo de actuar, de tal manera que el titular pueda disfrutar del servicio educativo[5]. Este contenido prestacional también ha sido recogido por la doctrina del Tribunal Constitucional en su Sentencia 87/1985: «El derecho de todos a la educación (…) incorpora (…) junto a su contenido primario de derecho de libertad, una dimensión prestacional, en cuya virtud los poderes públicos habrán de procurar la efectividad del tal derecho» (FJ 3).

De esta manera, el Tribunal Constitucional subraya la responsabilidad de los poderes públicos a la hora de establecer y mantener el sistema educativo, así como la responsabilidad en la prestación del servicio público de la enseñanza a toda la población. Este derecho a la educación como prestación (Domínguez-Berrueta de Juan y Sendín García, 2005, p. 44) integra un derecho de acceso a la educación que se otorga respecto a las enseñanzas regladas, es decir, a aquellas enseñanzas cuya programación ha sido desarrollada por los poderes públicos y que conforman el sistema educativo (Domínguez-Berrueta de Juan y Sendín García, 2005, p. 45)[6]. Cuando se trata de la educación básica, la prestación del servicio de educación es, además, obligatoria y gratuita (artículo 27.4 CE). En consecuencia, la educación trasciende el mero derecho de su acceso para convertirse en una obligación jurídica.

Presno Linera considera que la inteligencia artificial no ha supuesto una transformación esencial de los derechos fundamentales en lo que respecta a su dimensión subjetiva; pero por el contrario, dicha transformación sí tiene lugar en la vertiente objetiva de tales derechos fundamentales (Presno Linera, 2022, p. 108). Algunas de estas transformaciones se cifran en la evaluación de impacto sobre los derechos fundamentales, el derecho a acceso a nuevas tecnologías y la subsiguiente lucha contra la brecha digital. En esta línea, sostendré que en el caso del derecho a la educación, la penetración de la digitalización y de la inteligencia artificial ha

---

[5]   Véase, entre otros, MARTÍNEZ DE PISÓN CAVERO (2003); MEIX CERECEDA (2013, p. 178); SERRANO PÉREZ (2021, p. 116).

[6]   Las enseñanzas que integran el sistema educativo, de acuerdo con el artículo 3.2 Ley Orgánica 2/2006, de 3 de mayo, de Educación (LOE en adelante) son: educación infantil; educación primaria; educación secundaria obligatoria; bachillerato; formación profesional; enseñanzas de idiomas; enseñanzas artísticas; enseñanzas deportivas; educación de personas adultas; y enseñanza universitaria.

transformado la educación y con ello los contornos del derecho a la educación se verán alterados necesariamente.

Esta transformación del contenido del derecho prestacional del artículo 27 CE debe hacerse sensible a la incorporación de contenidos digitales y de una formación adecuada al ritmo en que la tecnología avanza[7]. En esto consiste la inmediata transformación que la tecnología opera en el derecho a la educación: la imperiosa necesidad de garantizar el acceso tanto a las tecnologías educativas, y como a la formación en la utilización de nuevas tecnologías para la adaptación al cambiante sistema productivo y para el ejercicio de derechos de participación democrática. Acceso a las tecnologías y alfabetización digital devienen así los nuevos componentes del derecho fundamental a la educación.

Esta prioridad que se atribuye al acceso a las tecnologías[8] es notoria en los países europeos y singularmente en el nuestro. Por ejemplo, las dificultades encontradas al suspender la educación presencial en el contexto de la crisis de la COVID justificó las inversiones millonarias del Plan de Recuperación Transformación y Resiliencia para distribuir dispositivos digitales entre los estudiantes de centros públicos[9].

Por lo demás, el elemento subjetivo del derecho a la educación no se transforma a causa de la inteligencia artificial: los titulares son los ciudadanos; ahora bien, las tecnologías educativas permiten una formación constante, que nos acompaña a lo largo de la vida y que no queda reducida a las etapas obligatorias, postobligatorias o terciarias. Se refuerza por ello la vertiente de educación a lo largo de la vida.

---

[7]   La centralidad que adquiere la alfabetización digital (*digital literacy*) o educación digital en relación a los derechos fundamentales ha sido analizada por María Mercedes SERRANO PÉREZ (2021, p. 117) y por Lorenzo COTINO HUESO (2020, pp. 21 y ss.). El destinatario del mandato de prestación del artículo 27.1 CE, sostiene Rubio Llorente, no son tanto los ciudadanos como, sobre todo, los poderes públicos, y más concretamente, el legislador, a quien se le impone la obligación de aprobar las leyes necesarias para que los ciudadanos cumplan con esos deberes, y el poder ejecutivo para la correcta prestación del servicio educativo (RUBIO LLORENTE, 2001, pp. 15-16).

[8]   En otros países, como en India, las tecnología educativas son apreciadas como una eficaz herramienta en la lucha contra las desigualdades: gracias a ellas, todos pueden acceder a la educación independientemente de su posición social (o de castas), su religión, su raza, su lengua, o su domicilio. Ahora bien, las tecnologías educativas pueden convertirse en una solución a corto plazo que no resuelve los problemas estructurales del sistema educativo si se solventan sólo sus síntomas (HOLMES, *et al.*, 2022a, p. 21). Por ejemplo, que en zonas rulares se quiera promover el uso de tecnologías educativas basadas en inteligencia artificial puede ocultar el problema de falta de profesado capacitado en áreas rulares.

[9]   La inversión más cuantiosa era de € 1 412 millones entre 2021-2023 para la transformación digital de la educación. Ésta incluía la adquisición y distribución de 300 000 dispositivos digitales, la dotación de clases digitales interactivas, y la capacitación en competencias digitales para los profesores.

LAS TECNOLOGÍAS EDUCATIVAS (EDTECH)

La imagen generalizada del proceso de aprendizaje actual muestra a un docente enseñando a varios estudiantes de manera simultánea, utilizando herramientas similares a las utilizadas en las prácticas tradicionales de enseñanza, pero en formato digital (libros digitales, pizarras digitales, ejercicios digitales, etc.). Aunque estas tecnologías ofrecen ventajas en términos de accesibilidad y recursos multimedia, en muchos casos se limitan a replicar el enfoque tradicional de enseñanza en el aula. Es decir, utilizamos las nuevas tecnologías para hacer lo mismo que se hacía en el pasado. Sin embargo, las nuevas tecnologías tienen el potencial de transformar intrínsecamente la forma de enseñar y de aprender, y consiguientemente tendrán un impacto asimismo sobre el derecho fundamental a la educación y la prestación de este servicio público. Pero, antes de valorar este impacto durante el curso de esta suerte de alfabetización digital, conviene familiarizarnos con los conceptos básicos de las tecnologías educativas. Conviene, por tanto, conocer los detalles del aprendizaje personalizado y del automatizado; pero también es oportuno saber cómo se recopilan, tratan y protegen datos; así como ofrecer una relación de las herramientas más utilizadas en los procesos de aprendizaje.

LOS INICIOS DE LAS EDTECH

El momento de la irrupción de la tecnología de inteligencia artificial en la educación lo podemos situar en los años ochenta, cuando se creó un espacio para la investigación interdisciplinar en torno a la nueva disciplina científica denominada *Artificial Intelligence in Education* (AIED). En su momento, esta disciplina fue concebidoa como un sub-campo de la inteligencia artificial y el aprendizaje automático (Baker, 2021, p. 45). Inicialmente, la mayoría de las investigaciones que se presentaron en esta nueva esfera del conocimiento se centraban en sistemas de tutoría inteligente, si bien la AIED terminó incorporándose al resto de desarrollos tecnológicos basados en el uso de ordenadores y en la digitalización. Florecieron así las tecnologías educativas.

Holmes y Tuomi (2022, p. 550) elaboran una taxonomía de tecnologías educativas que se desarrollan al abrigo de la AIED. Estos autores distinguen entre desarrollos orientados al estudiante, al docente y a las autoridades educativas. Así, entre las que se centran en los estudiantes encontramos las siguientes: sistemas de tutoría inteligente, aplicaciones asistidas por inteligencia artificial, simulaciones asistidas por inteligencia artificial, inteligencia artificial para apoyar a estudiantes con discapacidades, escritura automática, *chatbots*, evaluaciones automáticas, orquestadores de redes de aprendizaje, sistemas de tutoría basados en diálogo, entornos de aprendizaje exploratorio y asistentes de aprendizaje a lo largo de toda la vida[10]. Veámos estos instrumentos con algo más de detenimiento:

- *Intelligent tutoring systems* (ITS). La tecnología de los sistemas de tutorización inteligente es la más extendida y la más investigada. Mediante un ITS el aprendizaje se adapta al modelo de estudiante, al modelo de área de estudio, y al modelo de proceso de educativo. Como indican Holmes y Tuomi (2022, p. 551), un ITS proporciona una secuencia de información, actividades y cuestionarios adaptados a cada estudiante individual. Mientras el estudiante participa en una actividad específica, el sistema recopila una gran cantidad de datos, como los elementos en los que ha hecho *clic*, lo que ha escrito y qué tareas ha respondido correctamente, además de tomar en cuenta cualquier malentendido que haya demostrado. Estos datos se analizan para determinar la siguiente información, actividad y cuestionario que se entregarán, creando así un trayecto personalizado a través del material que debe ser aprendido, en un proceso que se reiterará[11]. Se transita así desde un modelo pedagógico basado en la instrucción y en el proceso educativo, a otro centrado en el estudiante. En el entorno de los ITS encontramos también los sistemas de tutoría basados en diálogo[12], y los entornos de aprendizaje exploratorio[13].

- Simuladores. Los simuladores ofrecen una imitación computarizada de procesos o de actividades cuya ejecución en el mundo real sería muy costosa o peligrosa. Por ejemplo, el uso de laboratorios químicos virtuales o salas de operaciones médicas. Una evolución de esta categoría son los sistemas de realidad virtual y los sistemas de realidad aumentada. A las tecnologías de simulación también pertenecen las herramientas de *gamificación* en la enseñanza, aunque su rendimiento es irregular, ya que hay desarrollos en

---

[10] Estos aún están por ser investigados, aunque se espera que tenga un impacto beneficioso para los usuarios (Holmes y Tuomi, 2022, p. 554).

[11] En ocasiones, los ITS incluyen paneles de control para los profesores, permitiéndoles observar los logros del estudiante. Un ejemplo de un ITS comercial es Spark, desarrollado por la empresa francesa Domoscio.

[12] Los sistemas de tutoría basados en diálogo (DBTS) simulan un diálogo tutorial, generalmente escrito pero a veces hablado, entre un tutor humano y un estudiante. A medida que el estudiante avanza paso a paso en una tarea en línea, los DBTS emplean un principio de tutoría socrática, involucrando la indagación a través de preguntas en lugar de proporcionar instrucción directa. El DBTS más conocido es AutoTutor, que ha sido investigado en la Universidad de Memphis durante más de veinte años.

[13] Los entornos de aprendizaje exploratorio (ELE) ofrecen una alternativa al enfoque paso a paso adoptado por ITS y DBTS. En lugar de seguir una secuencia, se anima a los estudiantes a construir activamente su propio conocimiento explorando y manipulando elementos del entorno de aprendizaje.

los que apenas se aprecia el elemento pedagógico (SimCity o Civilisation) y otras en las que el aprendizaje es más obvio (MathBlaster).

- Los robots educadores. Requieren la presencia física e interacción con los estudiantes. Esta tecnología incorpora modelos de emociones y su investigación es especialmente extensa en el campo del apoyo a niños en el espectro autista[14].
- GPT-3 y GPT-4 de Open AI. Se trata de ejemplos de la aplicación de tecnologías de escritura automática en la educación, si bien aún no existe evidencias sobre si estas tecnologías tienen un efecto positivo en el proceso de aprendizaje (aunque claramente obligarán a cambiar la forma de evaluar a los estudiantes).
- *Chatbots*. En el ámbito educativo, los *chatbots* se utilizan para asesorar a los estudiantes sobre los servicios académicos, el alojamiento, las instalaciones, los exámenes, la tecnología de la información del centro, etc. Un ejemplo de un *chatbot* educativo es Ada, así bautizada en honor a la pionera de la informática Ada Lovelace. Ada ha sido desarrollada por un colegio del Reino Unido utilizando la plataforma de Conversación Watson de IBM.
- Evaluaciones automáticas. Se trata de tecnologías de inteligencia artificial que ofrecen retroalimentación a los escritos de los estudiantes. La industria no parece que tenga mucho interés en este tipo de tecnología. Open Essayist es uno de los pocos ejemplos. Salvo que el desarrollo corrija cuestiones formales o gramaticales de un documento, un obstáculo para el florecimiento de estas tecnologías es que actualmente ningún sistema de inteligencia artificial es capaz de alcanzar la profundidad de interpretación o la precisión en el análisis que un profesor puede proporcionar (Holmes y Tuomi, 2022, p. 554).
- *Massive online open courses* (MOOCs). Ponen al alcance de cualquiera, materiales de aprendizaje (lecciones, videos, conferencias, etc.) que han sido confeccionados por prestigiosos profesores universitarios. Es una forma de que la educación de excelencia y muy especializada esté al alcance de cualquiera de nosotros en cualquier parte del mundo.

Entre las tecnologías que están pensadas para los docentes, Holmes y Tuomi destacan las siguientes (2022, pp. 554 y ss.): detección del plagio, búsqueda inteligente de materiales docentes, vigilancia del aula, evaluación sumativa automática (a veces también conocida como 'autocalificadores', es una tecnología ampliamente comercializada), asistencia a la evaluación de ensayos y otros documentos elaborados por los estudiantes, así como la orquestación de la clase.

---

[14] La investigación de referencia es ALABDULKAREEM, Amal, Noura ALHAKBANI y Abeer AL-NAFJAN (2022).

Finalmente, las instituciones públicas también utilizan tecnologías educativas para la admisión de alumnos, y *e-Proctoring* (para la supervisión y vigilancia electrónica en línea de exámenes o pruebas) como indican Holmes y Tuomi (2022, p. 556).

LA MINERÍA DE DATOS DE LAS EDTECH LA MINERÍA DE DATOS DE LAS EDTECH

Un segundo hito en la investigación de la inteligencia artificial en la educación tuvo lugar en 2008 (Baker, 2021, p. 46). Como resultado del crecimiento exponencial de la ciencia de datos, surgió un nuevo campo de estudio conocido como Minería de Datos Educativos (EDM por sus siglas en inglés) o analítica educativa (*Learning Analytics*). El objetivo principal de este campo es analizar los datos educativos para extraer inferencias que generen modelos de estudiantes, diagnosticar necesidades educativas y proponer líneas de acción. A diferencia de la educación digitalizada, las tecnologías basadas en EDM tienen el potencial de alterar los contextos de aprendizaje tanto para estudiantes como para educadores. Estas tecnologías se centran en recopilar y analizar datos provenientes de diversas fuentes, como plataformas de aprendizaje en línea, sistemas de gestión del aprendizaje y herramientas digitales utilizadas en el aula. Al examinar estos datos, los profesionales de la educación pueden obtener información sobre el rendimiento de los estudiantes, sus patrones de comportamiento, fortalezas y debilidades, así como identificar posibles áreas de mejora.

El desarrollo y la expansión de la EDM se encuentra estrechamente relacionado con los avances logrados en otro campo: el aprendizaje automatizado o *machine learning* en la educación. El aprendizaje automatizado forma parte tanto de la inteligencia artificial como de la ciencia de datos. Estas dos disciplinas se complementan mutuamente, ya que la máquina, representada por el algoritmo, aprende a partir de los datos utilizados para su entrenamiento y de los datos que aporta la experiencia pasada.

Es importante destacar que, al describir las acciones de los sistemas de inteligencia artificial, no debemos emplear términos como «aprender» o «entender». La máquina en sí misma no *aprende* ni *entiende*, sino que el algoritmo ha sido programado para identificar correlaciones e inferencias a partir de los enormes conjuntos de datos con los que se le ha entrenado[15] (tampoco se debería decir «entrenado», pero el antropomorfismo parece inevitable cuando de esta materia se

---

[15] Holmes, *et al.*, indican que el uso de términos antropomórficos para describir a los sistemas de aprendizaje automático forma parte de la narrativa de la inteligencia artificial, nos distrae y resulta poco útil, pero permanecerá, vaticina, algún tiempo con nosotros (Holmes, *et al.*, 2022a, p. 16).

trata). A partir de estas conexiones, la máquina es capaz de construir modelos que representan diferentes aspectos del ámbito educativo, como modelos de estudiantes, modelos de asignaturas o modelos de estrategias pedagógicas. Estos modelos son una representación simplificada basada en las correlaciones extraídas de los datos, permitiendo realizar predicciones y tomar decisiones relacionadas con el proceso de enseñanza-aprendizaje[16]. La constatación de su manera de funcionar ya es de por sí una advertencia sobre el hecho de que la tecnificación de contextos sociales, como el educativo, implica homogeneizar unos aspectos y relegar otros, creando así un contexto superficial, sin problemas de fondo (Ellul, 1977).

La analítica educativa no captura la complejidad completa del aprendizaje humano, pero sí es útil a la hora de proporcionar información y orientación a los docentes y profesionales de la educación, ayudándoles a adaptar sus enfoques pedagógicos, identificar áreas de mejora y brindar apoyo personalizado a los estudiantes. El diseño básico de la analítica educativa está basado en la detección (a partir del análisis de datos), el diagnóstico, y la actuación (Molenaar, 2022, p. 635).

LA DETECCIÓN

Para obtener los datos necesarios para «entrenar» al algoritmo en el ámbito educativo, las administraciones educativas, los docentes, los centros escolares y las administraciones públicas en general cuentan con diversos instrumentos estadísticos que recopilan información fisiológica[17], conductual[18] y socioeconómica de los estudiantes. Sin embargo, al querer utilizar todos estos datos para «entrenar» a la máquina, surgen dos obstáculos importantes: uno de naturaleza técnica y otro normativo.

El cuello de botella técnico surge ante la necesidad de coordinar las bases de datos relevantes para la analítica del aprendizaje. En España, la prestación de servicios educativos es responsabilidad de las comunidades autónomas, pero también

---

[16]   Otra aclaración pertinente es que los desarrolladores de tecnologías educativas son originarios o trabajan en países WEIRD: *western, educated, industrialised, rich and democratic*, de manera que cuando diseñan tecnologías educativas están menos familiarizados con el contexto en el que los jóvenes de países en desarrollo se educan. Por ejemplo, un desarrollador de un sistema de alerta temprana de abandono para estudiantes en India puede que desconozca de una de las razones de abandono escolar de las chicas es que el baño del colegio no funcione (Bowers, 2021, p. 174). Se trasladan así los sesgos de los programadores a las tecnologías que desarrollan.

[17]   Estos datos son la respuesta física a los procesos de aprendizaje: ritmo cardíaco, presión arterial, temperatura corporal, expresiones de la cara, etc.

[18]   Datos conductuales son las interacciones que el estudiante tiene con la tecnología, los movimientos del ratón o las entradas del teclado, los movimientos de los ojos o la dilatación de las pupilas que indica qué capta la atención del estudiante y cuándo.

las autoridades locales y el gobierno central tienen competencias educativas y, por lo tanto, poseen datos sobre estudiantes, docentes y centros educativos. Además, son diversas las administraciones públicas que ejercen competencias relacionadas con la protección de la infancia, la salud, los servicios sociales, la seguridad, el sistema judicial, o los impuestos entre otras. Estas instituciones disponen de datos que la máquina puede utilizar para extraer inferencias y correlaciones relevantes. Sin embargo, la coordinación y el intercambio de datos entre todas estas entidades representa un desafío técnico considerable. Se requiere un enfoque integrado que garantice la compatibilidad y la interoperabilidad de las bases de datos, así como protocolos de seguridad y privacidad para proteger la confidencialidad de la información sensible.

Esta última cuestión atañe al segundo cuello de botella: el normativo (Tuomi, 2018, p. 35) ya que la recopilación y el uso de datos personales están sujetos a regulaciones y normativas de protección de datos, máxime cuando los sujetos de tal regulación son, en su gran mayoría, menores de edad. Por ello, es fundamental garantizar el cumplimiento de la normativa relativa a la privacidad y protección de datos, obtener el consentimiento (o asentimiento) adecuado, asegurar la anonimización de los datos cuando sea necesario y establecer medidas de seguridad robustas para prevenir el acceso no autorizado.

EL DIAGNÓSTICO

El siguiente paso tras la recuperación y tratamiento de datos es el diagnóstico de la situación del estudiante y la anticipación de su evolución. Esta capacidad de diagnóstico se alcanza gracias a la búsqueda de correlaciones e inferencias entre los datos que «entrenan» al algoritmo. A tal fin, se crean perfiles de estudiante tipo, de procesos de aprendizaje tipo, de resultados de evaluación tipo, etc. En el ámbito de la evaluación de los conocimientos y habilidades de los alumnos, se han desarrollado diversos modelos que buscan comprender y medir no sólo la reacción y resolución de problemas, sino también otros aspectos como la motivación, los factores metacognitivos y las emociones de los estudiantes.

Uno de los modelos ampliamente utilizados en este campo se centra en evaluar los conocimientos de los alumnos a través de su capacidad para resolver problemas específicos. El modelo se basa en la recopilación de datos sobre las respuestas de los estudiantes, su razonamiento y estrategias utilizadas durante la resolución de problemas. Estos datos son analizados para identificar los niveles de competencia de los alumnos y brindar retroalimentación personalizada.

Sin embargo, los avances en la tecnología y la investigación educativa han llevado al desarrollo de modelos más recientes que van más allá de la evaluación de la resolución de problemas. Por ejemplo, Bosh, *et al.* (2015) han propuesto un modelo que tiene en cuenta la motivación de los estudiantes, los factores metacognitivos y las emociones como componentes clave de la formación y la evaluación. Este enfoque reconoce la importancia de estos aspectos en el proceso de aprendizaje y busca evaluarlos de manera integral para obtener una imagen más completa de las habilidades y necesidades de los alumnos.

Aunque la mayoría de los modelos de diagnóstico se han centrado tradicionalmente en problemas específicos en matemáticas o física, se ha observado una evolución hacia el desarrollo de modelos para contextos más amplios. Por ejemplo, Molenaar (2021, p. 63) ha destacado la aparición de modelos de diagnóstico adaptados a contextos específicos, como la lectura. Utilizando tecnologías de reconocimiento de voz, se pueden evaluar diversos aspectos del proceso de lectura, como la habilidad para identificar las letras, la velocidad de lectura y las palabras que el alumno es capaz de reconocer. Empresas como Lexplore (https://lexplore.com) han desarrollado herramientas que utilizan datos sobre el movimiento de los ojos para realizar un diagnóstico preciso de la lectura y detectar posibles dificultades en este ámbito.

Además, existen herramientas basadas en el análisis de errores que permiten diagnosticar trastornos específicos del aprendizaje. Por ejemplo, Dytective (https://www.changedyslexia.org) utiliza el tipo de errores cometidos por un alumno para diagnosticar la dislexia, mientras que Lingvist (https://lingvist.com/es/) se centra en identificar problemas de desarrollo del lenguaje. Asimismo, Letrus (https://www.letrus.com) evalúa las habilidades funcionales para la escritura. Estas herramientas utilizan algoritmos avanzados y técnicas de análisis de datos para identificar patrones y proporcionar recomendaciones personalizadas para mejorar las habilidades de los estudiantes en estas áreas específicas.

Las administraciones educativas también hacen uso de herramientas para diagnosticar el riesgo de abandono escolar temprano, así como las dificultades de aprendizaje. En efecto, los sistemas de alerta temprana son un ejemplo de la inteligencia artificial al servicio de las instituciones educativas. Al detectar y abordar tempranamente los factores de riesgo, las administraciones pueden diseñar estrategias preventivas y de apoyo que ayuden a reducir las tasas de abandono escolar temprano y mejorar las oportunidades educativas de los estudiantes. Igualmente, pueden planificar los recursos humanos de manera más eficiente al conocer con anticipación las necesidades educativas de los estudiantes, llegando incluso a contratar determinados perfiles profesionales una vez que se han detectado las necesidades del sistema educativo (Berendt, *et al.*, 2020).

Los sistemas de alerta temprana están basados en algoritmos de aprendizaje automático y en la minería de datos. En primer lugar, se analizan datos recopilados de los sistemas de información escolar, como registros académicos, asistencia, comportamiento y evaluaciones, para identificar patrones y factores de riesgo asociados al abandono escolar. Luego se generan sistemas de alerta temprana que utilizan modelos predictivos y que utilizan diferentes indicadores, como el rendimiento académico deficiente, la asistencia irregular, el bajo nivel de participación, el comportamiento problemático o la falta de apoyo familiar. Cuando se detecta un estudiante en riesgo, se generan alertas para que los profesores y el personal escolar puedan intervenir y brindar apoyo adicional[19].

Un sistema de alerta temprana está detrás de OU Analyse, desarrollado por The Open University británica[20]. Esta tecnología, recoge datos del estudiante (previa autorización) relacionados con su edad, género, domicilio, calificaciones anteriores, etc., y los combina con los datos de actividad docente que recoge del *Moodle* de The Open University. Finalmente, cada dato individual es cotejado con los datos de cohortes anteriores para obtener predicciones sobre el éxito o fracaso en los estudios universitarios y, en su caso, para indicar qué medidas o recursos mejorarían los resultados académicos.

Las administraciones educativas, y en concreto las de educación superior, también hacen uso de las tecnologías educativas en los procesos de admisión. La Universidad de Tejas en Austin se encontraba a la vanguardia de esta tendencia cuando lanzó el sistema GRADE en 2018. Este sistema, revolucionario en aquel entonces, utilizaba algoritmos sofisticados para recomendar la admisión o rechazo de candidatos basándose en una amplia gama de factores, como calificaciones académicas, historial escolar, y cartas de recomendación, entre otros. Sin embargo, a pesar de sus promesas iniciales, GRADE fue abandonado en 2020 debido a los sesgos inherentes que planteaba: se descubrió que el sistema mostraba preferencias injustas hacia ciertos grupos demográficos, lo que generó controversia y preocupación en la comunidad educativa.

Por otro lado, aunque se esperaba que los *chatbots* tuvieran un impacto notable en la educación, especialmente en lo que respecta a la comunicación constante con los estudiantes, la realidad ha demostrado que sus limitaciones son significativas. Estos programas informáticos, capaces de brindar asistencia y orientación las 24 horas del día, los 7 días de la semana, han demostrado ser menos eficientes de lo esperado. Aunque ofrecen respuestas rápidas a preguntas frecuentes y proporcionan información básica, carecen de la capacidad de evaluación y análisis necesaria

---

[19]   Las medidas de apoyo pueden incluir tutorías personalizadas, programas de mentoría, intervención temprana en áreas problemáticas específicas, y apoyo emocional y social, entre otros.

[20]   https://analyse.kmi.open.ac.uk

para ser considerados una herramienta verdaderamente eficiente en el ámbito educativo. Como resultado, su impacto en el aprendizaje ha sido limitado y no ha alcanzado las expectativas iniciales establecidas por los investigadores y educadores (Holmes, *et al.*, 2022a, p. 24).

LA ACTUACIÓN (LA RECETA)

La irrupción de la inteligencia artificial en el ámbito educativo alcanza un último logro: la capacidad de proponer y ofrecer acciones pedagógicas adecuadas según el diagnóstico realizado por el algoritmo. Esto ha abierto las puertas a la educación personalizada, poniendo en el centro al estudiante y relegando a un segundo plano el enfoque pedagógico tradicional, centrado en el proceso docente.

Estas acciones pedagógicas pueden adoptar diferentes formas, dependiendo de las necesidades identificadas en el diagnóstico. En primer lugar, la inteligencia artificial puede generar un informe detallado sobre cómo abordar un problema específico detectado, proporcionando orientación y estrategias para su resolución. Este tipo de retroalimentación personalizada y específica puede ayudar al estudiante a superar obstáculos y mejorar su aprendizaje de manera efectiva. Además, los algoritmos de inteligencia artificial también pueden proponer la adaptabilidad de la tarea y el ajuste curricular. Estos conceptos se erigen como pilares esenciales en la optimización de la experiencia de aprendizaje, al dirigir y personalizar de manera precisa la trayectoria educativa de cada estudiante.

La adaptabilidad de la tarea implica una estrategia pedagógica que, mediante el empleo de algoritmos y sistemas inteligentes, selecciona la tarea subsiguiente para un estudiante en función de su nivel de conocimiento actual o del desarrollo de sus habilidades. En otras palabras, esta dimensión se propone identificar el punto óptimo en el proceso de aprendizaje del estudiante, con el propósito de presentarle desafíos que sean congruentes con su nivel de competencia y que, a su vez, le permitan avanzar en su conocimiento y adquisición de destrezas de manera gradual y constante.

Por su parte, la adaptabilidad del plan de estudios trasciende la selección individual de tareas y se enmarca en una concepción más amplia del proceso educativo. Los cambios organizativos en el currículo, e incluso la alteración del mismo tiene el objetivo de adaptarlo mejor a las necesidades de cada estudiante. Esto significa que los contenidos, la secuencia y los recursos de aprendizaje pueden ajustarse de manera dinámica y personalizada, brindando a cada estudiante una experiencia educativa individualizada y más enriquecedora. A través de este enfoque, se busca proporcionar una estructura flexible que permita a los estudiantes avanzar de acuerdo con su ritmo y nivel de dominio en los diferentes contenidos académicos.

Con este propósito en mente, en el proceso de aprendizaje se identifican áreas en las cuales un estudiante podría haber manifestado insuficiente dominio y, en consecuencia, se priorizan esos temas para garantizar un progreso más sólido y holístico.

LA EDUCACIÓN PERSONALIZADA DE LAS EDTECH

En palabras de Molenaar (2021, p. 64), los cambios que espolea la inteligencia artificial en la educación representan un movimiento hacia modelos pedagógicos más flexibles y adaptativos. Es cierto que la educación personalizada ha existido siempre, sin necesidad de tecnologías, en contextos de aprendizaje de uno a uno entre un profesor y un estudiante (Baker, 2021, p. 46) donde el docente selecciona tareas adecuadas para el estudiante y adapta el currículo a las necesidades del estudiante. También contamos con máquinas de aprendizaje desde hace más de 100 años que fueron ideadas por Sidney Pressey[21] y B.F. Skinner, aunque no tuvieron una aceptación generalizada (Watters, 2021).

Ahora, internet ha hecho posible la personalización de una gama amplia de servicios (películas en *streaming*, plataformas de viajes, etc.) que las empresas de Sillicon Valey han extendido al ámbito de la educación. La educación personalizada, respaldada por la inteligencia artificial, permite que los enfoques educativos sean más receptivos a las necesidades y características de cada estudiante, superando currículos monolíticos así como la estandarización que han prevalecido en muchas instituciones educativas. Esta transformación tiene el potencial (al menos eso se sostiene) de mejorar significativamente la experiencia de aprendizaje de los estudiantes y aumentar su motivación y compromiso con el proceso educativo[22].

Ahora bien, el éxito de las herramientas depende de que el estudiante encaje en el perfil que se ha diseñado a partir de la experiencia precedente, lo que a la larga genera una homogeneización del estudiante. Personalizar, nos recuerda Biesta (2011), es además tener en cuenta la personalidad del individuo y su contexto

---

[21]   La máquina de Pressey planteaba preguntas de opción múltiple y estaba configurada de manera que el estudiante podía seguir adelante si contestaba de forma correcta. La pedagogía que subyacía en el ingenio es identificar que los aciertos (y los errores) generan conocimiento. Por su parte, el invento de Skinner (la máquina se llamaba GLIDER) funcionaba con el refuerzo positivo de los logros alcanzados en el proceso de aprendizaje.

[22]   La incipiente implantación de las tecnologías educativas obliga a ser cautos en cuanto a los logros que puedan alcanzar ya que no existen estudios empíricos que respalden, por ahora, la narrativa de éxito con la que se abraza la educación personalizada apoyada en la inteligencia artificial, como se argumentará en la última sección de este capítulo.

cultural y social. Por lo demás, no podemos olvidar que la colaboración y la interacción social son elementos esenciales de los procesos de aprendizaje y enseñanza. Por estas razones, debemos ser cautos con las tecnologías educativas que resulten en la educación personalizada y no caer en la trampa del *solucionismo*.

Las tecnologías de la educación que abren el camino a la expansión de la educación personalizada utilizan alguna de las siguientes tecnologías (o una combinación de ellas):

- Sistemas de tutoría inteligente (ITS).
- Interfaces de usuarios: plataformas de aprendizaje colaborativo (*computer-supported collaborative learning*) como PyramidApp.
- Tecnologías de aprendizaje adaptativo (*adaptative learning technologies*), en las que los estudiantes reciben los recursos y realizan las actividades hechas a medida para responder a sus necesidades educativas específicas.
- Auto-aprendizaje (*self-regulating learning*): MATHia[23], Mindspark, Reasoning MInd, ASSISTments.
- Sistemas que recaban información sobre el compromiso del estudiante en el proceso de aprendizaje, observando sus afectos y emociones con sensores tanto físicos como psicológicos[24].

Sistemas de generación automática de test y autoevaluación, incluidas las tecnologías para las tareas fuera del centro educativo. Por ejemplo, NWEA MAP (www.mapwea.org) es una herramienta de generación de tests de evaluación donde cada pregunta se formula a partir de la respuesta que ha dado el estudiante en la cuestión precedente, de modo que si una pregunta es correcta, la siguiente será más difícil[25].

---

[23] MATHia ha sido utilizado de forma general en las escuelas de Oslo. Esta tecnología educativa ha sido desarrollada por Carnegie Learning. Cuando el municipio de Oslo la adquiere y la aplica en sus colegios, el objetivo no es otro que la mejora de la enseñanza y el aprendizaje de las matemáticas. El algoritmo ofrece una instrucción personalizada a los estudiantes y adapta el contenido a las necesidades individuales. Sin embargo, MATHia generó controversia entre los ciudadanos debido a la falta de transparencia en el uso de la inteligencia artificial y la privacidad de los datos de los estudiantes. No faltaron los profesores que temieron ser remplazados por la máquina reduciendo su autonomía y capacidad para adaptar la enseñanza a las necesidades de los estudiantes.

[24] Esta tecnología se utiliza en ITS y permiten detectar (o al menos representar el comportamiento del estudiante) si el estudiante está aburrido, frustrado o satisfecho. Las herramientas que utilizan estos sistemas parten de la idea de que el compromiso es un requisito previo para un aprendizaje significativo (D'MELLO, 2021, p. 79).

[25] Estos sistemas generan una gran cantidad de datos relativos a los procesos de aprendizaje y a las dificultades que pueda experimentar el estudiante, por lo que alimentan otros sistemas de aprendizaje personalizado.

La educación personalizada representa un tópico crecientemente recurrente en el discurso político y social y tanto la OCDE como la Unión Europea lo suscriben confiando en las promesas que ofrece en términos de democratización y calidad de la educación (Vincent-Lancrin y van der Vlies, 2020) a pesar de la escasa evidencia científica que apoyan este entusiasmo.

DEL APRENDIZAJE PERSONALIZADO AL APRENDIZAJE AUTOMATIZADO

En los últimos años, hemos sido testigos de un salto significativo de la educación digitalizada hacia la tecnología educativa, y esto ha sido posible gracias a tres hitos destacados, según Molenaar (2021, p. 57; Molenaar 2022, p. 364):

1. Estos dispositivos han adquirido contemporáneamente un cariz ineludible en la vida cotidiana de los alumnos, posibilitándoles el acceso a una gran variedad de tecnologías, cuya inclusión resulta consustancial con los usos pedagógicos rutinarios. La ubicuidad de estos dispositivos tecnológicos ha democratizado la educación digitalizada, removiendo los obstáculos de acceso y proporcionando a los alumnos la ocasión de instruirse de manera más versátil y personalizada.

2. La disciplina de la ciencia de datos ha propiciado la acumulación y análisis de vastos volúmenes de datos pertinentes vinculados al proceso de aprendizaje en diferentes entornos. Actualmente, Las diversas instancias administrativas y los actores educativos pueden capitalizar estas mejoras con el propósito de obtener datos pertinentes relativos al desempeño de los alumnos, identificar obstáculos en el proceso de aprendizaje y diagnosticar de manera más precisa las necesidades educativas. El algoritmo de aprendizaje automático infiere conexiones entre la plétora de datos, lo que le permite detectar las dificultades en el proceso de aprendizaje, realizar un diagnóstico de las necesidades educativas y determinar las acciones requeridas.

3. En tercer lugar, las herramientas basadas en la inteligencia artificial son empleadas a gran escala en los establecimientos educativos, superando el prejuicio que las reduce a herramientas de uso ocasional en manos de alumnos o docentes. De tal manera, se integran en la estructura del proceso de aprendizaje formal.

Las tecnologías educativas son prometedoras, en suma, porque nos anuncian grandes beneficios a gran escala en relación con la mejora de la gestión, pero también de la toma de decisiones en los centros educativos (colegios, institutos, universidades, etc.), promoviendo una mayor eficiencia y transparencia. Significativamente, las instituciones de educación superior son las más proclives a utilizar tecnologías educativas en la admisión y comunicación con los estudiantes, y en la planificación de recursos (Zawacki-Richter, *et al.*, 2019)[26]. Además, estas tecnologías son la oportunidad para renovar y mejorar las infraestructuras, asegurando que las instalaciones y los recursos estén adecuados para el uso de tales tecnologías, lo cual facilita el acceso y el aprovechamiento pleno de los beneficios educativos.

Otro beneficio importante consiste en la gestión financiera eficiente del sistema educativo. Es decir, con las tecnologías educativas, las administraciones públicas pueden optimizar sus recursos económicos, destinándolos de manera más efectiva a las necesidades educativas detectadas y garantizando una distribución equitativa. Esto redunda en una mejor planificación presupuestaria y una mayor capacidad para invertir en programas y herramientas que favorezcan el aprendizaje y el desarrollo de los estudiantes.

Finalmente, las tecnologías educativas a nivel macro permiten mejorar instrumentos como los de alerta ante el riesgo de abandono escolar temprano[27], lo que facilita una intervención preventiva, personalizada y eficaz a fin de garantizar que los estudiantes transiten a la educación postobligatoria y no desistan de su formación.

---

[26] la actualidad, las universidades están recurriendo a las tecnologías educativas para mejorar la planificación de recursos y optimizar la experiencia de los estudiantes. Una de las áreas donde estas tecnologías han demostrado ser de gran utilidad es en la predicción de abandonos en los estudios, tanto en cursos regulares como en MOOCs, donde las tasas de deserción pueden alcanzar hasta un 90%. Para lograr esto, las instituciones educativas emplean algoritmos que analizan grandes cantidades de datos, como el rendimiento académico de los estudiantes, su participación en actividades educativas en línea, y diversos factores socioeconómicos y demográficos. A través de un proceso de análisis y correlación, el algoritmo es capaz de identificar patrones y señales que pueden influir en las decisiones de los estudiantes sobre si continuar o no con sus estudios. Con esta información, las universidades pueden anticipar posibles situaciones de abandono y tomar medidas preventivas para retener a los estudiantes en el sistema educativo. Por ejemplo, se pueden ofrecer intervenciones tempranas, como tutorías personalizadas, apoyo académico adicional o programas de mentoría. También es posible adaptar las estrategias pedagógicas y el diseño de los cursos para satisfacer mejor las necesidades y expectativas de los estudiantes. Además de predecir abandonos, estas tecnologías educativas también son valiosas para la planificación de recursos. Al comprender mejor las tendencias de matriculación y los flujos de estudiantes, las universidades pueden asignar eficientemente sus recursos, como profesores, infraestructura y materiales educativos. Esto permite una gestión más efectiva de los recursos disponibles y contribuye a la mejora general de la calidad educativa.

[27] La incipiente tecnología educativa (el análisis de datos, la ciencia de datos, la minería de datos educativos y el aprendizaje automático) se está aplicando a los sistemas de alerta temprana de abandono escolar y está permitiendo que los indicadores de abandono sean más precisos, el sistema sea más relevante a la hora de tomar decisiones sobre qué hacer con el estudiante que la tecnología educativa ha marcado con una alerta (Bowers, 2020, 179; y Vincent-Lancrin y van der Vlies, 2020).

No obstante, un análisis macro-educativo nos revela que a las tecnologías de aprendizaje les queda aún un largo camino por recorrer. En otras palabras, para que su integración se normalice en los contextos educativos, es imperativo que las instancias gubernamentales dedicadas a la educación impulsen transformaciones organizativas de notable envergadura (Ifenthaler, 2021, p. 166). Entre los retos pre-eminentes que emergen en este panorama, cabe destacar la carencia de liderazgo por parte de las autoridades educativas en la adopción de tecnologías educativas, la disparidad en la participación de la comunidad académica (que a menudo observa con recelo estas innovaciones tecnológicas), la insuficiencia de capacitación de los educadores, la necesidad imperiosa de establecer un código ético y un marco regulador, la falta de investigaciones que arrojen evidencia empírica sobre los beneficios y la eficacia de las tecnologías educativas, así como la carestía de políticas públicas que trasciendan la mera digitalización de la educación (Ifenthaler, 2021, p. 166).

En cualquier caso, el esfuerzo por fomentar la difusión de las tecnologías educativas desarrollado por entidades gubernamentales de educación se inspira en el principio del aprendizaje personalizado. Esta concepción implica la adaptación de la instrucción educativa a las necesidades individuales de los estudiantes (Aleven, *et al.*, 2016, p. 57). La incursión de las tecnologías educativas en los procesos de detección, diagnóstico y acción pedagógica pone de manifiesto una diversidad de modelos de educación personalizada que evolucionan hacia una educación automatizada.

Conforme a las investigaciones de Molenaar, se pueden identificar seis niveles de automación en el ámbito educativo, que a su vez toman como referencia, por cierto, los niveles de automación propios de la conducción autónoma (Molenaar, 2021, p. 60; Molenaar, 2022, p. 636). Estos niveles ofrecen una visión detallada de la evolución y el alcance de la automación en la esfera educativa. Al igual que los avances en la conducción autónoma nos han llevado desde los sistemas de asistencia al conductor hasta los vehículos autónomos, en la educación también estamos experimentado análogamente una progresión similar (Molenaar, 2022).

- Nivel 0. No interviene ninguna tecnología; solo el docente está presente en el proceso de aprendizaje.
- Nivel 1. El docente tiene el control total del proceso de aprendizaje de manera que la tecnología le proporciona una asistencia adicional en la organización de las actividades. Es el caso de plataformas electrónicas como Moodle que sirven para distribuir los materiales de estudio, resolver dudas, incluso corregir los trabajos o ejercicios de los estudiantes. El docente puede utilizar esta tecnología no sólo como plataforma de intercambio de información, sino también para conocer el desempeño de los estudiantes y adoptar en consecuencia las medidas adecuadas en relación con los contenidos de la asignatura y los materiales o tareas adicionales que pedirá a los estudiantes.

- Nivel 2. Automación parcial. En este caso, el docente traslada a la tecnología el control de determinadas tareas organizativas. La tecnología educativa diagnostica, recomienda, y en ocasiones específicas propone acciones concretas. Es el caso de Snappet (https://es.snappet.org) que proporciona al profesor un panel digital con el que puede hacer el seguimiento de la evaluación integrada y continua de los estudiantes. A partir de esta información se puede personalizar la educación que reciben los alumnos gracias a una instrucción diferenciada y adaptada a las necesidades detectadas. Ahora bien, es el motor de Snappet y no el docente, el que adecua el aprendizaje a los estudiantes a partir de los datos extraídos de la evaluación continuada.

- Nivel 3. Automación condicionada. La tecnología toma el control en varias tareas de organización del aprendizaje. Los profesores siguen teniendo una posición central pero en la supervisión y monitorización de un proceso de aprendizaje ya automatizado. Por ejemplo, llegados este nivel, la máquina no sólo detecta problemas y diagnostica los errores o las lagunas de que pueda adolecer el estudiante, sino que además diseña el proceso de aprendizaje (propone acciones necesarias de intervención); finalmente, en el caso de que el progreso del estudiante no sea el esperado de acuerdo con las predicciones del sistema, la máquina lo notificará al docente y le aconsejará las acciones que fueran necesarias (Molenaar, 2022, p. 61). Programas de tutorización cognitiva, como el *Carnegie Learning Cognitive Tutor*, alcanzan el nivel de automación condicionada: elabora informes automáticos de un estudiante a partir de las respuestas a un problema; revela los siguientes pasos en el proceso de aprendizaje a partir de dichas respuestas; determina si el estudiante ha alcanzado el objetivo de aprendizaje; y además notifica al docente si fuera recomendable un cambio de método pedagógico.

- Nivel 4. Alta automación. La tecnología toma el control de la organización del proceso de aprendizaje y la intervención del profesor no es requerida para controlar el proceso y ni siquiera para supervisarlo. Un ejemplo es MathSpring (mathspring.org), un sistema de tutorización inteligente que guía al estudiante en la selección de objetivos y le ofrece una formación personalizada, situaciones de puesta en práctica de lo aprendido, y retroalimentaciones. Esta forma de automación es poco común, por ahora, en los colegios e institutos.

- Nivel 5. Automación plena. En este nivel de automación, la posición del profesor es exógena en todas las fases del aprendizaje. Es el caso de Alelo (alelo.com), una tecnología de simulación y lenguaje natural que puede evolucionar hacia este nivel de automación. La máquina analiza cómo utiliza el estudiante un segundo idioma, le proporciona retroalimentación, selecciona los objetivos e hitos del proceso de aprendizaje y ajusta la instrucción y la práctica del idioma. Esta tecnología puede aplicarse en múltiples ámbitos, desde educación musical a la preparación de un examen de conducir (Molenaar, 2022). Este nivel de automación no está presente en la educación formal, pero sí se atisba su extraordinario potencial en la educación informal donde alterará los procesos de aprendizaje.

EL APRENDIZAJE AUTOMATIZADO NO ES EL BÁLSAMO DE FIERABRÁS

En otros escritos he llamado la atención sobre el hecho de que la inteligencia artificial no es el bálsamo de Fierabrás (Moral Soriano, 2023), la solución que sirve para curar todos los males. De manera menos cervantina, pero más efectiva seguramente, Selbst, *et al.* hablan de la trampa del solucionismo: no reconocer la posibilidad de que la mejor solución a un problema no involucra, necesariamente, a la tecnología (Selbst, *et al.*, 2019). Creemos que las tecnologías educativas ayudan al proceso de aprendizaje, pero conviene recabar evidencias que nos confirmen qué herramientas contribuyen significativamente a los procesos educativos y a garantizar el derecho a la educación. Conviene mantener un análisis crítico de todas estas medidas, una vez constatados sus beneficios.

Para el despliegue efectivo de las tecnologías de inteligencia artificial en el ámbito educativo, surge como primera y fundamental consideración la evaluación de qué tareas y funciones pueden ser objeto de automación, y cuáles deben seguir siendo encomendadas a la competencia de un docente, un agente humano. Esta disyuntiva se encuentra inextricablemente vinculada al alcance y a las capacidades inherentes de la tecnología disponible en el momento. No obstante, en sistemas socio-tecnológicos, particularmente aquellos que son objeto de la presente investigación, adquiere una importancia adicional una variable de consideración ineludible: el concepto de educación presupuesto y su específica concepción en relación con el derecho fundamental a la educación.

El enfoque pedagógico que asumimos tiene un impacto directo sobre el juicio que nos merece la automación en la educación. Si entendemos la educación simplemente como la transmisión de conocimientos y de información, es posible hallar un mayor potencial en la automación de ciertas tareas docentes. Por ejemplo, podrían considerarse opciones viables operaciones como la distribución de contenido en línea, la corrección automática de exámenes o incluso el uso de *chatbots* para brindar respuestas a preguntas frecuentes.

Sin embargo, si concebimos la educación como un proceso más amplio y complejo que implica el desarrollo de habilidades sociales, emocionales y críticas, es probable que valoremos la presencia y el papel del docente humano de manera diferente. Además, la educación también involucra aspectos éticos, sociales y emocionales que no pueden ser abordados exclusivamente a través de la tecnología. Educar es una actividad colectiva (el derecho a la educación es un derecho social), inescindible de la sociedad y el entorno en el que se desarrolla. La educación personalizada es, al fin y al cabo, una actividad cívica (Benendt, *et al.*, 2020). Por lo tanto, la cuestión sobre qué cabe automatizar y qué tareas deban ser encomendadas a un docente humano no puede responderse limitándonos a atender el alcance de la tecnología disponible. También debemos tener presentes los valores, principios y objetivos del derecho a la educación.

CAPÍTULO 2

LOS NUEVOS PERFILES DEL DERECHO A LA EDUCACIÓN

LOS LÍMITES DE LA TECNOLOGÍA EDUCATIVA

¿Para qué sirven las tecnologías educativas en los procesos de aprendizaje e instrucción? Desde el punto de vista su alcance, los estudios iniciales sobre computarización y automación se centraban en las cualificaciones (*skills*). Desde ese punto de vista, se preveía que los ordenadores acabarían por sustituir a los humanos en aquellos trabajos que requirieran pocas o ninguna cualificación (Tuomi, 2018). Sin embargo, los estudios recientes parecen prestar atención más bien al potencial para automatizar tareas rutinarias o repetitivas incluso en trabajos que requiera cualificación, como la profesión docente.

En efecto, si hacemos una relación de las tareas que lleva a cabo un docente de secundaria o un profesor universitario, podríamos concluir que muchas de ellas pueden ser automatizadas y por lo tanto realizadas por una máquina. Pensemos por un momento en las tareas de un docente: adaptar las metodologías de aprendizaje a las necesidades e intereses de los estudiantes; tener al día los expedientes de los alumnos según lo que exigen las normas y procedimientos administrativos; preparar, distribuir y corregir los exámenes y otros trabajos obligatorios para los estudiantes; ayudar a los estudiantes que necesiten trabajo suplementario para alcanzar los objetivos educativos, supervisarlos en tutorías, preparar material adicional, etc. De la anterior relación de tareas, algunas son claramente automatizables. Se trata precisamente de aquellas más repetitivas y burocráticas que roban al docente el tiempo suficiente para dedicarse a la educación de los estudiantes. Por el contrario, otras resultan más difícilmente delegables en una máquina. Sería el caso de celebrar una reunión informativa con padres o tutores, coordinarse con otros docentes, personal no docente y administradores educativos para resolver los problemas de aprendizaje o conductuales de los estudiantes, o incluso para personalizar el proceso educativo ofreciendo itinerarios, modificaciones curriculares, actividades suplementarias o evaluaciones adaptadas a las necesidades del estudiante.

Podemos compartir el entusiasmo a la hora de incorporar herramientas de inteligencia artificial en los procesos de aprendizaje, a pesar de que no existen evidencias empíricas sobre el impacto positivo que vaya a tener en la forma en la que nuestros estudiantes aprenden (Holmes, 2022b). A pesar de las promesas de soluciones cognitivas como *IBM's Watson Classroom*, que busca proporcionar a los profesores información detallada sobre los estilos de aprendizaje, preferencias y aptitudes de sus estudiantes para lograr una educación personalizada, no hay pruebas concluyentes de que estas tecnologías realmente sean beneficiosas para el proceso de aprendizaje. Por más prometedoras que se nos antojen, es necesario realizar investigaciones rigurosas y estudios comparativos para determinar si estas herramientas realmente tienen un impacto significativo en los resultados educativos.

Un ejemplo destacado lo ofrece la proliferación de MOOCs muchos de ellos en abierto y gratuitos, que han invadido el panorama educativo ofreciendo recursos y materiales de aprendizaje en línea de manera democrática. Aunque parecen una opción atractiva para ampliar el acceso a la educación, se constata cierta falta de información sobre los resultados de aprendizaje que se obtienen con estos cursos. Como señala Tuomi, tenemos escasa o nula información sobre los objetivos de aprendizaje que se esperan lograr a través de estos recursos (Tuomi, 2018). Al hilo de las deserciones de esta oferta formativa, es crucial cuestionar si la calidad de la educación proporcionada por los MOOCs está a la altura de las expectativas y si realmente están contribuyendo al desarrollo de habilidades relevantes.

Se puede cuestionar incluso que las tecnología educativas nos proporcionen una valoración acertada del proceso de aprendizaje del estudiante. Es cierto que con la utilización generalizada de analíticas de aprendizaje a gran escala se puede obtener información objetiva sobre el nivel de aprendizaje de los estudiantes sin la intervención directa de un profesor. Sin embargo, las evaluaciones automatizadas, ya sean estandarizadas o no, no son necesariamente los indicadores idóneos del verdadero nivel de aprendizaje de un estudiante. Se basan en modelos predefinidos de aprendizaje y resultados, lo cual puede limitar la capacidad de evaluar habilidades y conocimientos más complejos que no se ajusten a dichos modelos. Entre estas habilidades está la de trabajo en equipo y colaborativo y, en general, en el contexto social donde tiene lugar la educación, que queda orillado con la adopción de tecnologías educativas que tienen en el individuo y en la personalización de la educación su razón de ser. En definitiva, es necesario promover investigaciones que analicen las implicaciones de la inteligencia artificial en la educación y, paralelamente, es imprescindible reflexionar sobre las virtudes (o perjuicios) de los efectos de la integración de estas herramientas.

Por otro lado, las tecnologías educativas basadas en aprendizaje automático representan el mundo como una función del pasado (Holmes, *et al.*, 2022b, p. 62) ya que recogen y analizan datos de lo ya acaecido para hacer predicciones de lo que acontecerá. Esto no hace sino perpetuar sesgos del pasado en acciones futuras. Dos casos ilustran este problema claramente: el recurso a la predicción de las calificaciones de *A-levels* para el acceso a la universidad en Inglaterra en el año 2020 así como las predicciones de calificaciones del Bachillerato Internacional en Oslo.

En el primer caso, debido a suspensión de la docencia presencial, no pudieron realizarse los exámenes externos *A-levels* que permiten el acceso a los estudios universitarios en Inglaterra. Ante esta situación, la administración educativa inglesa desarrolló y aplicó un algoritmo que predecía las calificaciones de los estudiantes basándose en los resultados académicos de las anteriores convocatorias del examen *A-levels*. Una vez conocidas las predicciones, se reveló que el algoritmo no calculaba la calificación del estudiante sino la del instituto, por lo que se reproducían las disparidades existentes (resultados bajos para los estudiantes de institutos ubicados en entornos desfavorecidos, y buenos para los institutos pequeños y zonas más ricas).

En Oslo, también debido a las restricciones de la crisis de la COVID, los estudiantes de los institutos donde se impartía el Bachillerato Internacional no pudieron hacer el examen final de esta etapa, así que un algoritmo fue el encargado de calcular la calificación de los estudiantes. La agencia de protección de datos noruega, Datatilsynet, exigió conocer cómo funcionaba el algoritmo[28] y tras su estudio, se observó que los resultados beneficiaban a estudiantes de institutos que previamente habían tenido alumnos exitosos, mientras que se perjudicaba a aquellos estudiantes de institutos cuyos alumnos en años precedentes tuvieron resultados modestos.

En fin, si bien la incorporación de la inteligencia artificial en la educación ha generado entusiasmo y expectativas, es crucial reconocer que no siempre conocemos *ex ante* todas sus implicaciones. La falta de información sobre los resultados de aprendizaje, la limitación de las evaluaciones automatizadas, la necesidad de

---

[28] Datatilsynet planteó varias preguntas con respecto al tratamiento de datos personales de conformidad con el artículo 58.1.a) RGPD y en particular el artículo 5.1.a), c) y d) y el artículo 22.2 y 3. Aunque la intención era que Datatilsynet ordenaría la rectificación de las calificaciones finales del Bachillerato Internacional, se lograron ciertos cambios (algunos estudiantes obtuvieron calificaciones más altas que las inicialmente atribuidas); pero el asunto demostró que (i) Datatilsynet no tenía la competencia para continuar con la impugnación, y (ii) la oficina principal del Bachillerato Internacional se encuentra en el Reino Unido y, en ese momento, dado que el Reino Unido aún formaba parte del EEA, Datatilsynet no pudo tomar una decisión contra la Organización del Bachillerato Internacional. Por lo tanto, el caso fue cerrado (HOLMES, *et al.*, 2022b, p. 69).

evidencia concreta sobre los beneficios de las soluciones cognitivas, y la permeabilidad a la hora de reproducir sesgos contenidos en los datos que alimentan el algoritmo, son ejemplos que nos invitan a reflexionar sobre los posibles efectos (no deseados) de la inteligencia artificial en la educación y desde luego, sobre lo inconcluyente de las pruebas empíricas de sus beneficios. Posteriormente se detallarán aquellos casos de usos que, a pesar de las ventajas que ofrecen en términos de éxito en el proceso de aprendizaje, llegan a vulnerar el derecho al acceso a una educación de calidad y a lo largo de la vida.

QUÉ EDUCACIÓN Y PARA QUÉ CONTEXTO

En segundo lugar, la decisión que atañe a la cuestión de qué tareas automatizar depende del concepto de educación que tengamos. Por eso, para valorar el impacto de la inteligencia artificial en la educación habrá que pensar en los futuros procesos de aprendizaje. Para Holmes, *et al.* (2022a, p. 34) los desarrollos comerciales que encontramos en educación encierran una concepción naif de la enseñanza, porque se ofrecen contenidos específicos y adaptados a las capacidades de los estudiantes evitando absolutamente el fracaso. Se trata de una perspectiva de la educación como instrucción, ignorando la investigación pedagógica en aprendizaje a través de proyectos, aprendizaje a través del descubrimiento, fracaso productivo o aprendizaje activo, entre otros muchos.

Además, si consideramos las tecnologías educativas como sistemas sociotécnicos estamos aceptando que muchas tareas pueden ser automatizadas, pero podemos olvidar que la educación es una actividad de contexto abierto que depende del aprendizaje socio-cultural que adquirimos[29].

Los sistemas educativos actuales emergieron como respuestas a los problemas de la industrialización, mientras que ahora ofrecen respuestas desfasadas para los nuevos contextos en los que se desarrolla: la sociedad de la información, la economía del conocimiento y la revolución algorítmica (Tuomi, 2018, p. 33). Digitalizar tareas o incluso automatizar las existentes no ayudará a redimensionar la educación en estos nuevos contextos; es más, podemos incluso enquistar prácticas

---

[29] Tuomi lo explica acudiendo al ejemplo de la reproducción de música por la inteligencia artificial (Tuomi, 2018, p. 22). Podemos utilizar la inteligencia artificial para simular a un pianista tocando las variaciones de Goldberg de Bach y producir una música que suene similar; sin embargo, una interpretación de las variaciones requiere conocimientos de historia, de cultura, de la relación de Bach con otros compositores, de las ulteriores interpretaciones de la obra, etc. En el ámbito educativo también se pueden automatizar tareas y lograr que la prestación del servicio educativo sea más eficiente. Pero quizás, eso no sea educar.

anacrónicas y no abordar el reto de comprender adecuadamente el potencial de la inteligencia artificial en la educación. A esto tenemos que añadir la clamorosa ausencia de investigaciones empíricas relativas a los logros (o fracasos) de la inteligencia artificial en la educación o a cómo afecta a estudiantes y docentes. En definitiva, si desconocemos los beneficios y riesgos que presenta la incorporación de la inteligencia artificial en la educación, al menos será conveniente con carácter previo hacer un alto en el camino y considerar qué es educación, qué educación queremos y para qué contexto (social y productivo).

En el ámbito de la educación, ha surgido un debate que ha dividido a los historiadores y expertos en la materia: ¿Cuál es el propósito real de la educación? ¿Se trata simplemente de preparar a los estudiantes para futuros empleos, o tiene un papel más amplio en el desarrollo de la personalidad y la realización personal? Este debate adquiere relevancia en un momento en el que la influencia de la inteligencia artificial y otras tecnologías está transformando rápidamente el mercado laboral, generando una demanda de habilidades y competencias en constante cambio. En este contexto, el sistema educativo afronta el desafío de adaptarse a estas nuevas realidades. Para ello se redimensionan dos aspectos de la educación que cobran ahora una especial relevancia: la educación por competencias vinculada al aprendizaje a lo largo de la vida, y la educación digital. Ambas manifestaciones de la formación representan los nuevos contenidos del derecho a la educación, de la prestación de servicio educativo cuya garantía corresponde a los poderes públicos.

EDUCACIÓN POR COMPETENCIAS Y APRENDIZAJE A LO LARGO DE LA VIDA

Si consideramos que el propósito principal de la educación es la formación de futuros trabajadores, resulta evidente que se requiere una transformación significativa, dado lo extraordinario de la cuarta revolución industrial. Las prácticas de aprendizaje actuales están orientadas a las necesidades de una sociedad industrial que está transformándose (Tuomi, 2018, p. 29).

A medida que la sociedad avanza hacia una era cada vez más automatizada y dinámica, se torna imperativo reconsiderar la concepción y oferta del servicio educativo. Tal replanteamiento, como sugiere Tuomi (2018, p. 34), podría dar lugar a una reconfiguración del paradigma de la educación formal estandarizada, en favor de un enfoque más holístico y proclive a la educación a lo largo de toda la vida. Las tecnologías educativas posibilitan un aprendizaje auto-regulado, mediante el cual individuos, de manera autónoma y en interacción con sistemas tecnológicos, forjan sus propios procesos de aprendizaje. Este enfoque fomenta la conexión entre conocimientos previos y nuevos contenidos, así como la transferencia de conocimientos y competencias entre distintos dominios (Molenaar, 2022, p. 639), facilitando así la continua evolución de nuestra formación. Al concebir el derecho a la educación como un derecho continuo y adaptable a lo largo de toda la vida, se reconoce su profundidad y trascendencia, al entender que el aprendizaje no se circunscribe exclusivamente a la etapa escolar, sino que debe ser un proceso perpetuo, adaptable a los cambios de la sociedad y los intereses individuales.

Puesto que el aprendizaje se concibe como una actividad que nos acompañará en nuestra vida (no dejamos de aprender de la misma manera que no dejamos de crecer y de adaptarnos a nuestro contexto) los fundamentos de la educación, aquellos que se forjan durante las etapas obligatorias de la educación formal, deben cambiar. Así las cosas, desde el año 2006 la Comisión Europea está apostando por un modelo educativo basado en competencias (no exclusivamente en conocimientos) que guía las reformas de los sistemas educativos en los países europeos, incluido el español, por supuesto.

Con la educación basada en competencias, se desarrollan competencias clave, así como habilidades y conocimientos relevantes para el mundo laboral y la vida cotidiana, más allá de los tradicionales programas de estudio. En una suerte de *trívium*[30] o *quadrivium*[31] medieval, las competencias clave propuestas por el Consejo en su última Recomendación de 2018[32] son:
- Competencia en lectoescritura;
- Competencia multilingüe;
- Competencia matemática y competencia en ciencia, tecnología e ingeniería;
- Competencia digital;
- Competencia personal, social y de aprender a aprender;
- Competencia ciudadana;
- Competencia emprendedora;
- Competencia en conciencia y expresión culturales.

La transición hacia la educación basada en competencias implica cambios significativos en la forma en que se diseñan los planes de estudio y se evalúa el aprendizaje. Se prioriza el desarrollo de habilidades prácticas, la adquisición de conocimientos aplicables a situaciones reales y el aprendizaje activo. En fin, se trata de dotar a los jóvenes de una caja de herramientas con las que luego puedan abordar la educación permanente y afrontar los desafíos de un entorno laboral en constante transformación y en una sociedad más compleja y diversa. Las institu-

---

[30] El *trívium* es la separación de las siete artes liberales en gramática, lógica y retórica.
[31] En este caso, las artes se agrupaban en torno a las siguientes artes: aritmética, geometría, música y astronomía.
[32] Recomendación del Consejo, de 22 de mayo de 2018, relativa a las competencias clave para el aprendizaje permanente (2018/C 189/01).

ciones educativas se adaptan a este nuevo paradigma, ofreciendo oportunidades de aprendizaje a lo largo de la vida, mediante programas de educación formal, cursos en línea, capacitaciones específicas y otros recursos formativos accesibles a todos.

LA ALFABETIZACIÓN DIGITAL

La educación es un instrumento para el desarrollo de la personalidad y la realización individual. Este es el mandato constitucional del artículo 27.2 CE: «La educación tendrá por objeto el pleno desarrollo de la personalidad humana en el respeto a los principios democráticos de convivencia y a los derechos y libertades fundamentales». El TC en Sentencia 133/2010 ha desarrollado la justificación constitucional de la educación[33]:

> «La educación a la que todos tienen derecho y cuya garantía corresponde a los poderes públicos como tarea propia no se contrae, por tanto, a un proceso de mera transmisión de conocimientos [cfr. art. 2.1.h) LOE], sino que aspira a posibilitar el libre desarrollo de la personalidad y de las capacidades de los alumnos [cfr. art. 2.1.a) LOE] y comprende la formación de ciudadanos responsables llamados a participar en los procesos que se desarrollan en el marco de una sociedad plural [cfr. art. 2.1.d) y k) LOE] en condiciones de igualdad y de tolerancia, y con pleno respeto a los derechos y libertades fundamentales del resto de sus miembros [cfr. art. 2.1.b) y c) LOE» (FJ 7).

Como han indicado Domínguez-Berrueta de Juan y Sendín García (2005, p. 146), «la necesidad de que la educación tenga por objeto el pleno desarrollo de la personalidad humana, obliga a que todo el sistema educativo se dirija a satisfacer el supremo interés del educando». Además, impone la necesidad de que el sistema educativo ofrezca no sólo una trasmisión de conocimientos, sino la adquisición de habilidades transversales, como el pensamiento crítico, la resolución de problemas, la creatividad y la capacidad de adaptación[34]. Y, finalmente, el mandato del artículo 27 CE exige también una educación en libertad, sin adoctrinamientos ni sectarismos.

---

[33]   Indica Martín-Retortillo Baquer, que el razonamiento del Tribunal Constitucional sigue, casi al pie de la letra, el que hizo el TEDH en el asunto Konrad v. Alemania, con lo que el eje del razonamiento, compartido por ambos tribunales, es la finalidad de la educación: la garantía del libre desarrollo de la personalidad individual en el marco de una sociedad democrática, y la formación de ciudadanos respetuosos con los principios democráticos de convivencia y con los derechos y libertades fundamentales (MARTÍN-RETORTILLO BAQUER, 2013, p. 179).

[34]   Asimismo, es importante destacar que la educación debe abordar tanto los aspectos cognitivos como los emocionales y sociales. No se trata solo de transmitir conocimientos, sino también de cultivar valores, fomentar la empatía y promover la colaboración y el respeto mutuo.

La irrupción de las tecnologías digitales y de inteligencia artificial nos enfrenta a la necesidad apremiante de reevaluar y redimensionar el alcance de estos mandatos en un contexto cada vez más dominado por la posverdad, las *fake news*, la desinfomación (intencionada o no) y la creciente pérdida de pluralismo en las redes sociales. En este panorama, resulta crucial satisfacer el interés supremo del estudiante, nutrir su pensamiento crítico y fomentar una educación fundamentada en la libertad, todos ellos presupuestos ineludibles para garantizar el ejercicio pleno de una ciudadanía activa en el marco de una democracia fuerte.

Las herramientas digitales y basadas en inteligencia artificial ofrecen a los estudiantes un grado relativamente amplio de libertad cuando, por ejemplo, utilizan dispositivos digitales para acceder a aplicaciones, comunicarse en redes sociales o navegar por Internet. Accedemos así a una cantidad inmensa de información que contribuye a nuestra formación. Sin embargo, también puede llevarnos a participar en comportamientos digitales irrelevantes, inapropiados y potencialmente peligrosos. Evitar comportamientos perjudiciales en línea y ayudar a los estudiantes (y a los ciudadanos) a adquirir el autoconocimiento y las habilidades para hacerlo de manera independiente es el objetivo de la «alfabetización digital» (también llamada en nuestro país, «educación digital»), la competencia clave identificada por el Consejo de la Unión Europea en su Recomendación de 2018.

De acuerdo con la Recomendación del Consejo, la competencia digital «implica el uso seguro, crítico y responsable de las tecnologías digitales para el aprendizaje, en el trabajo y para la participación en la sociedad». Esta competencia está relacionada con un conjunto de conocimientos, capacidades y actitudes esenciales:

1. Conocimientos digitales necesarios. Son los que permiten comprender que las tecnologías digitales pueden favorecer la comunicación, la creatividad y la innovación, y estar al corriente de las oportunidades, limitaciones, efectos y riesgos que plantean. Por ejemplo, conocer cómo funcionan las tecnologías de la comunicación o cómo funciona internet, cómo se aplican a la educación y a la sociedad, o cómo los algoritmos se nutren de datos privados, entre otros, son conocimientos técnicos que permiten desarrollar una visión crítica de la validez, la fiabilidad y el impacto de la información y los datos obtenidos por medios digitales, así como ser conscientes de los principios legales y éticos que implican el uso de las tecnologías digitales (Ferrari, 2013).

2. Capacidades inherentes. Por ejemplo, utilizar las tecnologías digitales como apoyo a su ciudadanía activa y su inclusión social, la colaboración con otros y la creatividad para alcanzar objetivos personales, sociales o comerciales.

3. Finalmente, la Recomendación del Consejo indica que la competencia digital exige una actitud reflexiva y crítica, aunque curiosa, abierta y avan-

zada respecto a su evolución. También exige adoptar un planteamiento ético, seguro y responsable del uso de estas herramientas.

La competencia digital tiene, por lo tanto, una dimensión individual, de adquisición de habilidades para utilizar las tecnologías digitales para acceder, gestionar, comprender, integrar, comunicar, evaluar, crear y difundir información, de manera segura y apropiada. Además, la competencia digital tiene una necesaria dimensión colectiva (Comisión Europea, 2022): la de ser capaces de debatir en un contexto plural donde las posiciones pueden estar encontradas, las opiniones pueden variar y ser diversas en su naturaleza. Aspectos como la anonimidad, la privacidad, las normas y regulaciones de la comunidad digital forman parte de esta alfabetización digital. Por lo tanto, la competencia digital es un requisito previo para el desarrollo de una ciudadanía digital activa.

Es más, cuando pensemos en la brecha digital, no sólo deberíamos considerar el desigual acceso a tecnologías, sino la desigual adquisición de la competencia digital, necesaria para que el uso de las tecnologías educativas revierta en la educación del individuo y no estemos poniendo una peligrosa arma en manos de nuestros estudiantes.

En España, la educación digital se incorpora al elenco de servicios educativos a cuya prestación están obligados las administraciones públicas. El mandato del artículo 83 de la LO 3/2018, de 5 de diciembre, de Protección de datos personales y garantías de los derechos digitales (LOPDGDD) así lo prevé al establecer que el sistema educativo garantizará la plena inserción del alumnado en la sociedad digital y para el consumo responsable y uso crítico y seguro de los medios digitales. La prestación de servicio se debe acompañar de la necesaria formación de los docentes, así como de la reforma de los planes de estudios universitarios que habiliten al ejercicio de la docencia[35].

Las novedades que incorporó la LOPDGDD en su artículo 83 respecto a la educación digital se reflejaron también en la Ley Orgánica 2/2006 de Educación que modificó el artículo 2 para incluir un nuevo fin de la educación:

> «l) La capacitación para garantizar la plena inserción del alumnado en la sociedad digital y el aprendizaje de un uso seguro de los medios digitales y respetuoso con la dignidad humana, los valores constitucionales, los derechos

---

[35]   Los planes de estudio de los distintos Grados en Educación Infantil y Educación Primaria, así como el Máster de Profesorado de Educación Secundaria Obligatoria, Bachillerato, Formación Profesional Enseñanzas de Idiomas, deberán garantizar la formación en el uso y seguridad de los medios digitales y en la garantía de los derechos fundamentales en Internet. La tarea pendiente es extensa, dada la insuficiente atención a la formación en competencias digitales del alumnado universitario español (Soto García, 2021).

fundamentales y, particularmente, con el respeto y la garantía de la intimidad individual y colectiva».

Estos mandatos se concretaron en el Plan Nacional de Competencias Digitales (adoptado en 2021) en el Sistema Educativo (Educa en Digital) que incluía la distribución de dispositivos digitales a escuelas y estudiantes[36], la formación digital para profesores, la elaboración de recursos educativos digitales, la adaptación de competencias digitales de los estudiantes y las acciones para la aplicación de la inteligencia artificial en una educación más personalizada. La crisis sanitaria de la COVID, el cierre de las aulas, y el paso a una educación *online* hizo que se priorizara el acceso a dispositivos sobre la educación digital. El Plan de Recuperación, Transformación y Resiliencia incluía inversiones destinadas a la distribución de 300.000 dispositivos digitales entre los estudiantes de centros educativos públicos[37].

La relevancia de la alfabetización digital no se circunscribe a instrumentos de política educativa: el RIA incluye, tras las negociaciones con el Parlamento y el Consejo, un mandato al respecto. Se trata del artículo 4 RIA que concibe la alfabetización digital como una acción dirigida a proveedores, aplicadores, y personas afectadas (los usuarios finales) que se pondrá en marcha a través de la educación, así como a través de programas de capacitación y recualificación dirigidos a la población adulta. Tener a una población mejor preparada y conocedora de los riesgos y oportunidades de la inteligencia artificial es esencial para ejercer un control democrático de los sistemas de inteligencia artificial[38].

---

[36]   La última modificación de la LOE operada por LO 3/2020, de 29 de diciembre de modificación de la Ley Orgánica 2/2006, de 3 de mayo de educación (LOMLOE) incluye un nuevo artículo 111bis.7 orientado al acceso a las tecnologías digitales con el siguiente tenor: «Las Administraciones públicas velarán por el acceso de todos los estudiantes a los recursos digitales necesarios, para garantizar el ejercicio del derecho a la educación de todos los niños y niñas en igualdad de condiciones». Aún estaba reciente el impacto de la transformación repentina de la educación presencial a educación a distancia con el apoyo de medios digitales, y los problemas de accesibilidad que se tuvieron que resolver.

[37]   El componente C19 - Transformación digital de la educación del PRTR prevé la inversión (hasta el año 2023) de 1 412 millones de euros para la distribución de dispositivos digitales, la creación de 240 240 aulas digitales interactivas (pizarras digitales conectadas a Internet en las aulas para facilitar el aprendizaje a distancia), y la formación en competencias digitales para los profesores (aunque el componente se refería a cómo usar dispositivos digitales en la escuela, no a cómo enseñar con dispositivos digitales).

[38]   Para el RIA, la alfabetización digital no debe limitarse a conocer los instrumentos y tecnologías, sino que debe aspirar a ofrecer a proveedores y usuarios las herramientas y competencias para cumplir y aplicar el Reglamento.

CAPÍTULO 3

DERECHOS FUNDAMENTALES EN LA REGULACIÓN DE LA INTELIGENCIA ARTIFICIAL: LA EVALUACIÓN DE IMPACTO SOBRE LOS DERECHOS FUNDAMENTALES

EL CONTROL DEL SISTEMA SOCIO-TÉCNICO

Los desarrollos de inteligencia artificial utilizados en el ámbito educativo son una modalidad de sistema socio-técnico (Benbouzid, *et al.*, 2022; Leslie, *et al.*, 2021): encapsulan la tensión que se produce cuando el sistema técnico incide en comportamientos humanos y sociales, propios de los procesos de aprendizaje y enseñanza.

La noción de sistema técnico ha sido acuñada por Jacques Ellul (1977). El filósofo y teólogo francés distingue las operaciones técnicas, por un lado, y el sistema técnico por otro. Las operaciones técnicas son inseparables de la aventura humana: desde hacer fuego o tallar sílex, hasta programar un algoritmo de caja negra. Pero lo que singulariza al sistema técnico con respecto a la operación técnica es que un sistema técnico tiende a ser autónomo por lo que es capaz de auto-regularse y de acabar imponiendo sus exigencias en las relaciones que mantiene con todo lo ajeno al sistema. Por ejemplo, en la política, las decisiones de los políticos se adoptan en función del asesoramiento de los expertos técnicos, que a su vez facilitarán una decisión que asegure el sistema y su crecimiento (Esquirol, 2011, p. 140)[39]. La técnica está presente en la política, pero también en la economía, la educación, incluso en valores éticos; debido a que se trata de un sistema autónomo su tendencia no será promover la virtud, la equidad, la mejora de sistemas educativos o económicos, sino que se impondrá sobre ellos.

---

[39] Para entender esta cualidad del sistema técnico, Ellul acude al concepto de límite: «la técnica es en sí supresión de límites» (1977, p. 164); no hay nada imposible o prohibido para la técnica, sino que su único límite es lo que no puede realizarse técnicamente.

La fuerza expansiva (colonizadora) del sistema técnico alcanza también al derecho. Aquí la tensión entre sistema técnico y derecho se intensifica porque son criaturas de diferentes mundos separados en un plano conceptual: el empírico y el normativo, o de manera más clásica, el *ser* y el *deber ser* (Moral Soriano, 2023). Como sabemos, las reglas técnicas expresan una racionalidad instrumental de medios a fines, que es neutral con respecto a juicios normativos. Kelsen distinguía en este sentido entre el mundo del *ser* regido por relaciones de causalidad y el mundo del *deber* regido por relaciones de imputación (Kelsen, 1994, pp. 27 ss.). Por ejemplo, una regla técnica reza así: si quieres agua en ebullición, tienes que elevar su temperatura a 100 °C en condiciones normales. En estos casos no abandonamos el mundo del *ser* regido por el principio de causalidad, porque el «tienes que» presenta un carácter no deóntico, sino precisamente técnico. La consecuencia de no seguir una regla técnica consiste en un fracaso. La consecuencia de no seguir una regla normativa (deóntica) es una infracción eventualmente asociada a una sanción.

Que sean dos planos conceptualmente separados no significa que no exista relación entre las reglas técnicas y las reglas deónticas. Desde una perspectiva metaética, por ejemplo, las teorías consecuencialistas introducen un factor intensamente técnico en el discurso moral, puesto que la corrección de nuestras acciones se evalúa de acuerdo con su adecuación técnica a un fin intrínsecamente bueno como puede ser el bienestar general (es el caso del utilitarismo) o bien la *beatitud* o contemplación de Dios en el más allá (Tomás de Aquino).

Sea como fuere, gracias al filósofo y teólogo francés, podemos sostener que los desarrollos de inteligencia artificial son un destacado ejemplo de sistema técnico fuertemente arraigado a nuestra forma de vida debido a las múltiples aplicaciones que encuentra (justicia, seguridad pública, educación, sanidad, etc.). Estos desarrollos tecnológicos están sujetos a su vez a valoraciones de orden social la hora de afrontar la tensión entre sociedad y sistema técnico, una tensión que no puede resolverse ni prescindiendo de la técnica; ni, desde luego, permitiendo que el sistema técnico fagocite a la sociedad. Las opciones políticas que actualmente están debatiéndose en este sentido (como el RIA en el ámbito europeo) asumen la posición normativa del sistema técnico autónomo porque no se imponen límites éticos ni de otro orden a los desarrollos tecnológicos, si bien su comercialización dependerá tanto de la capacidad que tengamos para identificar los impactos negativos (como la discriminación o la merma de la autonomía personal)[40], como de los remedios que pongamos para paliar dichos efectos (o para potenciar los positivos). En definitiva,

---

[40] Una línea argumentativa denuncia que la mayor debilidad que presentan los sistemas socio-técnicos es que representan una atrofia del espíritu humano que confía en la ciencia para interpretar la realidad (WEIZENBAUM, 1976). Esta visión resalta una preocupación más profunda

nuestra discusión política (y jurídica) no se refiere a los fines de corte humanista (al menos hasta la fecha) a los que debe servir la técnica (el sistema técnico), sino que nos preguntamos cómo nos protegemos de ella, vista su lógica de totalización[41].

ÉTICA Y SISTEMA SOCIO-TÉCNICO

En un intento de controlar los impactos negativos que los desarrollos de la inteligencia artificial puedan ocasionar e incorporar su riesgos a nuestra forma de vida, hemos acudido a la ética con la esperanza de encontrar pautas para guiar nuestra actuación. La ética aplicada no es un campo novedoso, y ha sido fructíferamente abonado por el ingente acervo relativo a la ética, la filosofía y la técnica. Sin embargo, sí es digno de destacar lo singular de la aportación de la ética a la construcción de modelos de gobernanza de la inteligencia artificial.

Estados Unidos ha desarrollado un modelo de gobernanza en torno a los valores éticos debatidos e identificados por la propia industria tecnológica a través de estándares de conducta y directrices éticas no vinculantes. Para comprender las razones que están detrás de este modelo de autorregulación ética de la industria tecnológica conviene recordar que la financiación de investigación e innovación en inteligencia artificial en este país americano proviene principalmente de empresas privadas. Las compañías ubicadas en Silicon Valley así como las influyentes instituciones académicas juegan un papel central en la inversión no militar en inteligencia artificial[42]. Para que siga floreciendo el ecosistema de investigación e innovación es necesario un modelo regulatorio adaptado a las necesidades de la industria. Este

---

acerca de la dependencia excesiva de la ciencia y la tecnología en la comprensión y la interpretación de la realidad, lo que podría llevar a una pérdida de aspectos esenciales de la experiencia humana.

[41]   Totalización es otra característica del sistema tecnológico señalada por Ellul para quien existe la tendencia del fenómeno técnico a cerrarse en sí mismo después de haber fagocitado todo lo que ha podido (ELLUL, 1977, *apud* ESQUIROL, 2011, p. 143).

[42]   Las Universidades de Stanford, Harvard, Carnegie Mellon, o el Massachusetts Institute of Technology son algunos ejemplos de instituciones de educación superior que albergan centros independientes auto-financiados en su totalidad y de referencia internacional. Esta configuración de financiación tiene importantes implicaciones en la gobernanza de la inteligencia artificial en Estados Unidos. En primer lugar, significa que la investigación y el desarrollo de tecnologías de inteligencia artificial están estrechamente vinculados con los intereses y objetivos comerciales de las compañías tecnológicas. Esto puede influir en la dirección que toman los avances tecnológicos, así como en las aplicaciones y el enfoque ético que se adopta. Además, la concentración de la financiación en el sector privado plantea interrogantes sobre la transparencia y la responsabilidad en la toma de decisiones relacionadas con la inteligencia artificial. Aunque las instituciones académicas desempeñan un papel importante, su dependencia de la financiación externa plantea desafíos en términos de la independencia e imparcialidad de la investigación.

modelo es el de autorregulación, de acuerdo con el que las propias compañías elaboran directrices, estándares y certificaciones mientras que la labor del gobierno estadounidense consiste en promover la innovación, la creación de grupos de trabajo, la redacción de informes y recomendaciones a través de actos legislativos, así como formas de *soft law* siempre en cooperación con el sector tecnológico. En definitiva, confiar el control de la inteligencia artificial a los estándares o reflexiones éticas capitaneadas por la propia industria favorece la creación de un ecosistema tecnológico flexible y adecuado que tiene como efecto (deseado) promover la innovación y la competencia de los desarrolladores de inteligencia artificial.

Europa también ha gestado su propio modelo de gobernanza de la inteligencia artificial a partir del debate ético liderado por el *High-Level Experts Group on AI* (HLEG en adelante) creado en 2018 por la Comisión Europea. Sus 52 expertos elaboraron las *Directrices éticas para una IA fiable* (Grupo Independiente de Expertos de Alto Nivel sobre Inteligencia Artificial, 2019a) en el año 2019[43]. En este documento se adopta un enfoque basado en la persona, por el cual se asegura que los valores humanos ocupen un lugar central en el desarrollo, despliegue, utilización y supervisión de los sistemas de inteligencia artificial, garantizando con ello los derechos fundamentales. Además, las *Directrices éticas* ofrecen una lista (no exhaustiva) de 7 requisitos éticos claves para una inteligencia artificial que genere confianza (fiable)[44].

DERECHO Y SISTEMA SOCIO-TÉCNICO

Ahora bien, si queremos controlar los desarrollos de inteligencia artificial y los impactos negativos que puedan tener en nuestra sociedad, acudir a un modelo de gobernanza centrado en códigos éticos es comparable a utilizar unos frenos de bicicleta en un avión intercontinental, por recordar con Haggendoff una imagen de Ulrich Beck (Beck 1988, 194 *apud* Haggendoff, 2020, p. 108). En primer lugar, las guías o los códigos éticos están desprovistos de elementos coactivos, por lo que muy probablemente no sean el instrumento más efectivo y transparente para controlar los desarrollos y sistemas de inteligencia artificial. Para probar hasta qué

---

[43] La Unión Europea se ha erigido en adalid del debate sobre la gobernanza ética de la inteligencia artificial (Comisión Europea 2020). Para algunos autores, la Unión Europea está destacando, de forma efectiva, como un regulador de inteligencia artificial cuyo modelo influye en los demás actores, de manera similar a como lo hizo en materia de regulación de protección de datos (SHACKELFORD y DOCKERY, 2020, p. 35; GOOSSENS y GŁOWACKI, 2019, p. 351).

[44] Se trata de los siguientes principios: acción y supervisión humanas; solidez técnica y seguridad; gestión de la privacidad y de los datos; transparencia; diversidad, no discriminación y equidad; bienestar social y ambiental; y rendición de cuentas.

punto las decisiones de los ingenieros de software son orientadas efectivamente por las guías éticas no vinculantes, McNamara llevó a cabo un experimento entre desarrolladores de inteligencia artificial. En el estudio presentó once escenarios en los que los participantes debían resolver cuestiones éticas como el uso de datos, el respeto a la propiedad intelectual, el código de calidad, o la honestidad hacia el cliente (McNamara, *et al.*, 2018). El resultado fue que no se apreció una diferencia significativa entre quienes usaron la guía ética de referencia y quienes prescindieron de ella para resolver los problemas éticos planteados. Por lo tanto, todo parece indicar que, si se busca un control efectivo de los desarrollos de la inteligencia artificial y sus posibles impactos negativos en la sociedad, es necesario considerar enfoques regulatorios más sólidos y vinculantes que vayan más allá de los códigos éticos. Esto podría implicar la formulación de leyes y reglamentos específicos que establezcan obligaciones legales claras para los actores involucrados en el desarrollo y uso de la inteligencia artificial, así como la implementación de mecanismos de supervisión y sanción efectivos para garantizar el cumplimiento de estas normativas.

En segundo lugar, un modelo de gobernanza que hace de las directrices éticas el instrumento de control de la inteligencia artificial también plantea serias preocupaciones desde una perspectiva de legitimidad democrática y por lo tanto, puede erosionar la confianza de la sociedad en la inteligencia artificial. En este sentido, los comités éticos son objeto de críticas por varias razones. Por ejemplo, la composición de los comités de ética puede ser cuestionada desde una perspectiva de representatividad y diversidad; el funcionamiento de los comités de ética también puede resultar opaco[45], lo que dificulta la comprensión de cómo se llega a las decisiones y recomendaciones éticas; además, de la notable la falta de indicaciones claras sobre los distintos posicionamientos éticos que adopta un comité (Mantelero, 2022, p. 47). Solo cuando se idean mecanismos de obligatoriedad de las directrices éticas, se adoptan sistemas de verificación del cumplimiento de las mismas, y se establecen las consecuencias en caso de (in)cumplimiento, entonces el control social (y democrático) se reactiva. Realmente estamos transitando hacia el mundo jurídico, hacia el dominio de las normas jurídicas aprobadas democráticamente[46]. En este sentido las últimas reflexiones éticas en relación con la

---

[45] De acuerdo con Mantelero (2022, p. 47) la composición multidisciplinar y heterogénea de los comités éticos determina que su naturaleza sea cercana a un conglomerado de múltiples grupos de interés, que puede provocar, en caso de falta de transparencia, sospechas sobre posibles influencias indebidas o incluso sesgos en la adopción de decisiones.

[46] Autores como Nemitz, llaman la atención sobre el hecho de que el interés de las corporaciones en la elaboración de guías éticas, si bien persigue loables objetivos, ha retrasado el debate y el trabajo en la creación de un marco jurídico fuerte para la inteligencia artificial (Nemitz, 2018, p. 7)

inteligencia artificial reclaman la necesidad de instrumentos jurídicos de obligado cumplimiento para su control[47], toda vez que la ética ha identificado los retos que la inteligencia artificial plantea para el Estado de Derecho, la democracia y los derechos fundamentales (Nemitz, 2018, p. 7).

En fin, el derecho cuenta con la legitimidad democrática de la que carecen las guías éticas[48] (Benbouzid, *et al.*, p. 48, Nemitz, 2018, p. 10) por lo que un sistema jurídico está en una mejor posición para controlar sistemas socio-técnicos de inteligencia artificial, como los desarrollos y sistemas de inteligencia artificial aplicados a la educación. Además, si reclamamos una inteligencia artificial centrada en el individuo (fruto de la reflexión ética que tiene lugar hasta el momento), los derechos fundamentales devienen la clave de bóveda del modelo regulatorio ideado por Europa. La convergencia del derecho y los derechos fundamentales emerge como el enfoque óptimo para abordar los desafíos planteados por la inteligencia artificial en los contextos sociales, y entre ellos, el educativo.

En Europa, como se ha indicado, las *Directrices éticas* del HLEG abrazan un enfoque centrado en la persona, perspectiva que se ha visto reforzada en otros documentos elaborados por este grupo como las *Recomendaciones políticas y de inversión para una IA fiable* (Grupo Independiente de Expertos de Alto Nivel sobre Inteligencia Artificial, 2019b), donde se incluyen, entre otras, recomendaciones para lograr un marco de gobernanza y regulatorio apropiado[49], la *Lista de evaluación para una IA fiable* (ALTAI), donde se hace referencia a la evaluación de impacto sobre los derechos fundamentales[50], y las *Consideraciones sectoriales sobre las recomendaciones políticas y de inversión*[51].

---

[47] Ética y derecho son dos disciplinas práctico-discursivas. Qué debe dirimirse con un discurso ético y qué se deja al discurso jurídico, es decir, qué debemos hacer desde un punto de vista ético y qué debemos hacer desde un punto de vista jurídico, se puede dirimir, como propone Nemitz, a través del principio de esencialidad: una cuestión es esencial si afecta a los derechos fundamentales del individuo o si es relevante para el Estado. Estos casos deben ser regulados mediante leyes parlamentarias, democráticas y legítimas (Nemitz, 2018, p. 8).

[48] Especialmente, si las guías éticas son elaboradas por la propia industria.

[49] El documento recoge hasta 33 recomendaciones.

[50] Véase Grupo Independiente de Expertos de Alto Nivel sobre Inteligencia Artificial 2020a. En el caso de ALTAI, el HLEG recoge preguntas para la autoevaluación en torno a los 7 requisitos enunciados en las Directrices éticas. El HLEG propone que antes de abordar la autoevaluación propuesta en el documento, se debe conducir una evaluación de impacto sobre los derechos fundamentales (FRIA por sus siglas en inglés) en la que se incluyen cuestiones relativas a la igualdad y no discriminación, los derechos de los niños, la protección de datos, y el respeto a la libertad de expresión e información así como el derecho de reunión y asociación.

[51] Véase Grupo Independiente de Expertos de Alto Nivel sobre Inteligencia Artificial 2020b. En particular los sectores analizados son el internet de las cosas, el gobierno electrónico, la justicia, la aplicación del Derecho, y la salud.

Siguiendo este debate ético liderado por el HLEG, la Comisión Europea, por su parte, adoptó el *Libro blanco sobre IA: Un enfoque europeo orientado a la excelencia y la confianza* (COM(2020) 65 final) que sentaba las bases para su propuesta de Reglamento de inteligencia artificial. Ya nos adelantó la Comisión Europea que el *Libro blanco* es el marco regulador de la inteligencia artificial en Europa debe promover la protección de derechos fundamentales, especialmente la dignidad humana, el pluralismo, la inclusión, la ausencia de discriminación y la protección de la privacidad y de los datos personales[52]. En definitiva, la Comisión Europea espera que, al establecer fundamentos éticos y reivindicar protección jurídica de los derechos fundamentales, los consumidores y la industria de la inteligencia artificial ganarán la confianza necesaria para acomodar una industria floreciente en nuestra sociedad.

Como síntesis del debate ético mantenido en Europa, y en una clara línea de *juridificación* del modelo gobernanza[53], la Unión Europea ha aprobado el Reglamento de armonización de las normas sobre Inteligencia Artificial. Con este texto normativo, Europa quiere liderar a nivel mundial un modelo de gobernanza de la inteligencia artificial compatibilizando con el debate ético así como con los instrumentos jurídicos de control y supervisión de las tecnologías. La Unión Europea ha optado por un marco regulatorio basado en el análisis de los riesgos

---

[52] Es una visión antropocéntrica de la regulación que también está siendo abrazado por otros organismos internacionales (GARCÍA SAN JOSÉ, 2021, p. 260). Por otro lado, la Comisión identifica en el *Libro Blanco de la IA* los obstáculos que debe vencer el marco regulatorio resultante (Comisión Europea, 2020, pp. 17 y ss.):
— La fragmentación del mercado europeo. Tal fragmentación ocurre en el momento en que los Estados Miembros adoptan medidas regulatorias diferentes. Por ejemplo, Alemania parece adoptar un sistema basado en cinco niveles de riesgo; Dinamarca pondrá en marcha su sello de ética de los datos; y Malta ha adoptado un sistema voluntario de certificado de la inteligencia artificial.
— La falta de transparencia y la opacidad de la inteligencia artificial. Tales deficiencias dificultan conocer qué legislación resulta aplicable.
— Los riegos imprevistos. Los cambios de funcionalidad de los sistemas de inteligencia artificial hacen que la incorporación de programas informáticos en los productos modifique el funcionamiento de estos. Por ejemplo, el funcionamiento de sistemas basados en aprendizaje automático puede acarrear riesgos que no estaban previstos en el momento de incorporar los sistemas a una aplicación concreta.
— La incertidumbre en la imputación de responsabilidad. Este riesgo se genera por la dificultad de identificar al productor de sistemas de inteligencia artificial, o la incorporación de la inteligencia artificial cuando se ha comercializado por alguien que no es el productor.
[53] Para VALLS PRIETO (2021, p. 72) las guías éticas han servido para preparar la introducción de los derechos fundamentales en la gobernanza de la inteligencia artificial. Principios éticos habituales en las directrices éticas como autonomía, privacidad, seguridad, igualdad y no discriminación afectan directamente a los derechos fundamentales; además, principios como transparencia y rendición de cuentas son trasladados al ámbito jurídico como el derecho a tutela judicial efectiva y el principio de buen gobierno.

de dichas tecnologías para la salud, la seguridad, y los derechos fundamentales[54]. Se distingue así tres niveles de riesgo de los sistemas de inteligencia artificial: un nivel de riesgos inaceptables, de manera que queda prohibida su comercialización; sistemas de alto riesgo que podrán comercializarse si cumplen requisitos esenciales establecidos por la Comisión Europea, además de superar un examen para mostrar su conformidad con especificaciones técnicas; y finalmente, el nivel de los sistemas de bajo riesgo, sujetos voluntariamente a requisitos esenciales establecidos para los sistemas de alto riesgo.

LOS DERECHOS FUNDAMENTALES Y EL REGLAMENTO EUROPEO DE INTELIGENCIA ARTIFICIAL

La irrupción de los derechos fundamentales en el marco regulatorio europeo de la inteligencia artificial se hace evidente en dos momentos: la definición de sistemas de inteligencia artificial de alto riesgo y el sometimiento de estos sistemas a la evaluación de impacto sobre los derechos fundamentales.

LOS DERECHOS FUNDAMENTALES EN LA DEFINICIÓN DE SISTEMAS DE INTELIGENCIA ARTIFICIAL DE ALTO RIESGO

El riesgo es la piedra angular del modelo europeo de gobernanza, tal y como ha sido recogido en el *Libro Blanco* de la Comisión Europea y el RIA. Este enfoque garantiza una intervención proporcionada: la equidistancia necesaria entre el principio de precaución y el principio de innovación, necesario si es que la Unión Europea quiere ser un *hub* de inteligencia artificial. El enfoque basado en el riesgo exige que el legislador determine el umbral que la sociedad está dispuesta a aceptar y que identifique las acciones que se adoptarán en el caso de comercialización y uso de aplicaciones tecnológicas cuyo riesgo, aunque sea alto, sea aceptado[55].

---

[54]   Dejando ahora al margen el debate necesario sobre la transición de una ética deontológica a otra ética contextualizada o particularista, lo cierto es que la ética en inteligencia artificial carece de mecanismos de refuerzo, de manera que la separación de las recomendaciones éticas incluidas en los distintos códigos apenas tiene consecuencias, incluso cuando los códigos son incorporados a la regulación jurídica a través de instrumentos de *soft law*. Y este parece ser el giro de guion adoptado por la UE, eso sí, fuertemente impulsado por Alemania y las medianas y grandes empresas alemanas que han reclamado un marco regulatorio más definido para la inteligencia artificial en Europa.

[55]   La opción misma de un enfoque de riesgos denota la aceptación de la fuerza arrolladora del sistema técnico en la sociedad, de manera que dejamos de preguntarnos sobre los valores que determinan el rumbo del desarrollo tecnológico para acoger un sistema autónomo entre las complejas relaciones sociales. En este sentido puede consultarse a Ellul (1977).

En este sentido, el RIA incluye una lista de prácticas que quedan prohibidas en la UE (artículo 5) porque los riesgos que pueden ocasionar son inaceptables, de manera que no podrán comercializarse en Europa. Así, quedan prohibidos los sistemas de inteligencia artificial que impliquen una vigilancia indiscriminada aplicada de forma generalizada a todas las personas físicas sin distinción, las aplicaciones de código social y los sistemas de identificación biométrica en espacios públicos[56]. A estas prácticas (incluidas en su momento en el *Libro Blanco de la inteligencia artificial* elaborado por la Comisión Europea), el Parlamento ha incorporado en sus trílogos otros casos de uso prohibidos como las evaluaciones predictivas de riesgo criminal de individuos y los sistemas con los que se crea o expande los sistemas de reconocimiento facial a través del raspado no dirigido de imágenes faciales de internet o de imágenes de circuito cerrado de televisión. Finalmente, están prohibidos los sistemas de inteligencia artificial para inferir emociones de una persona natural en los ámbitos laboral y de instituciones educativas, excepto en casos donde el uso del sistema de inteligencia artificial esté destinado a ser implementado en el mercado por razones médicas o de seguridad.

Siguiendo con el enfoque basado en riesgos del RIA, existen tecnologías de riesgo alto que, si bien podrán comercializarse y utilizarse en Europa, están sujetas a obligaciones para prever y corregir los impactos negativos que pudieran ocasionar. En concreto, son sistemas de inteligencia artificial de alto riesgo los siguientes:

1. Aquellos en los se den simultáneamente dos de las siguientes condiciones (artículo 6.1 RIA):

    a) Que el sistema de inteligencia artificial esté destinado a ser utilizado como componente de seguridad de uno de los productos contemplados en la legislación de armonización de la Unión que se indica en el Anexo I, o el sistema de inteligencia artificial es sí mismo uno de dichos productos[57];

---

56 El texto definitivo de RIA se aprobó en COREPER el enero de 2024 tras el último y fructífero *trílogo* del mes precedente. En él se incluyen prohibiciones adicionales de sistemas de inteligencia artificial relacionados con la identificación biométrica en su artículo 5: sistemas remotos utilizados en espacios públicos sin autorización judicial y la categorización biométrica de personas por sus atributos sensibles o protegidos (excepción terapéutica). Las características enumeradas incluyen raza, opiniones políticas, pertenencia a sindicatos, creencias religiosas o filosóficas, y vida sexual u orientación sexual.

57 El anexo I recoge la lista de la legislación armonizada de la Unión basada en el nuevo marco legislativo así como otra legislación armonizada, en la que se incluyen máquinas, juguetes, motos acuáticas, ascensores, aparatos y sistemas de protección, equipos radioeléctricos, equipos de presión, instalaciones de transporte por cable, equipos de protección individual, aparatos que queman combustibles gaseosos, y producto sanitarios, entre otros.

b) Que, dicho sistema de inteligencia artificial (aquel que cumple la condición precedente) debe someterse a una evaluación de la conformidad realizada por un organismo independiente para su introducción en el mercado o puesta en servicio.

2. Además de los sistemas de inteligencia artificial de alto riesgo mencionados anteriormente, también se considerarán de alto riesgo los sistemas que figuran en el Anexo III[58], de acuerdo con el artículo 6.2 RIA.

Este precepto, sin embargo, ha sufrido una notable transformación en las negociaciones hasta alcanzar entre el Parlamento y el Consejo una posición común[59] y su aprobación posterior en COREPER. El notable cambio operado consiste que en que, a modo de excepción del artículo 6.2, no se consideran de alto riesgo los sistemas de inteligencia artificial que aún estando relacionados en el Anexo III no *presentan un riesgo significativo de causar perjuicios* para la salud, la seguridad o *los derechos fundamentales de las personas físicas*[60]. Esta excepción se aplicará en el caso de que se de una o más de los siguientes criterios:

a) el sistema de inteligencia artificial está destinado a realizar una tarea procedimental limitada;

b) el sistema de inteligencia artificial está destinado a mejorar el resultado de una actividad humana previamente completada;

c) el sistema de inteligencia artificial está destinado a detectar patrones de toma de decisiones o desviaciones de los patrones de toma de decisiones

---

[58] De manera resumida, el Anexo III relaciona los siguientes casos de uso: a) aplicaciones biométricas; b) gestión y operación de infraestructuras esenciales; c) acceso y evaluación en educación y formación profesional; d) empleo y acceso al auto-empleo; e) acceso y disfrute de servicios esenciales privados, servicios públicos y beneficios sociales; f) aplicación de la ley, en concreto, evaluación de riesgos individuales y sistemas utilizados por las autoridades públicas como el polígrafo; g) sistemas para comprobar la veracidad de pasaportes y otra documentación, o el examen de las solicitudes de asilo, visa o permiso de residencia; y h) procesos democráticos y sistemas de asistencia a las autoridades judiciales en la investigación e interpretación de los hechos y del derecho.

[59] El texto del Reglamento aprobado por el Parlamento y el Consejo está disponible en la página web del Parlamento Europeo: https://www.europarl.europa.eu/doceo/document/TA-9-2024-0138_EN.pdf

[60] La cursiva es mía. El acuerdo político entre el Parlamento y el Consejo (9 de diciembre de 2023) establece que las tecnologías de alto riesgo enumeradas en el Anexo III que presenten solo riesgos limitados a la salud, la seguridad o los derechos fundamentales estarían sujetas a obligaciones de transparencia muy ligeras, como revelar que el contenido fue generado por inteligencia artificial, para que los usuarios puedan tomar decisiones informadas sobre su uso posterior.

previos y no está destinado a reemplazar o influir en la evaluación humana previamente completada, sin una revisión humana adecuada; o

d) el sistema de inteligencia artificial está destinado a realizar una tarea preparatoria para una evaluación relevante para los fines de los casos de uso enumerados en el Anexo III.

Finalmente, el artículo 6 RIA establece el mandato a la Comisión Europea para fijar las directrices necesarias para aplicar este precepto:

> La Comisión, después de consultar al Consejo de inteligencia artificial, y no más tarde de [18 meses] después de la entrada en vigor de este Reglamento, proporcionará directrices que especifiquen la implementación práctica de este artículo, completadas por una lista exhaustiva de ejemplos prácticos de casos de uso de alto riesgo y no alto riesgo en sistemas de inteligencia artificial de conformidad con el Artículo 96[61] (artículo 6.5 RIA).

Habrá que esperar a comprobar cómo precisa la Comisión Europea y las autoridades nacionales estas directrices y especificaciones. Para este estudio, lo relevante por ahora es concluir que, *prima facie* son sistemas de inteligencia artificial de alto riesgo aquellos enumeradas en el Anexo III, y quedarán sujetos a las obligaciones establecidas en el RIA cuando, *all thing considered*, presenten un riesgo significativo de causar perjuicios para la salud, la seguridad o los *derechos fundamentales* de las personas físicas.

Los derechos fundamentales se erigen así en un elemento esencial a la hora de identificar los sistemas de inteligencia artificial de alto riesgo y la Comisión Europea se revela como la institución clave en la definición del nivel de riesgo tolerado. En particular, será la Comisión Europea quien especificará, a través de actos delegados, bajo qué circunstancias la información de salida de los sistemas de inteligencia artificial a que se refiere el Anexo III presentaría un riesgo significativo de causar perjuicios para la salud, la seguridad o los derechos fundamentales y en qué situaciones sería inocua. Desde un punto de vista institucional, se refuerza el papel de la Comisión Europea a quien se le delega poder legislativo como agente en la defensa de derechos fundamentales y se convierte en el prescriptor del soportable nivel de riesgo para los derechos fundamentales.

---

[61] La cursiva es mía. El artículo 96 se refiere a las directrices de la Comisión para la implementación de la directiva.

LOS DERECHOS FUNDAMENTALES EN LA TÉCNICA ARMONIZADORA DEL NUEVO ENFOQUE

Siguiendo a Álvarez García y Tahirí Moreno (2023), el RIA adopta la técnica armonizadora del nuevo enfoque. Esta aproximación es audaz, dado que solo existe un antecedente legislativo similar, específicamente, la armonización de productos sanitarios en 2017 (Álvarez García y Tahirí Moreno, 2023)[62]. La técnica armonizadora del nuevo enfoque se articula en torno a tres componentes:

a) Requisitos esenciales. Son de carácter obligatorio y serán establecidos por el mismo RIA. La Comisión Europea mediante actos legislativos delegados también puede establecer requisitos esenciales[63].

b) Especificaciones técnicas. Estas normas que desarrollan los requisitos esenciales, son normas armonizadas elaboradas por organismos europeos (o internacionales) de normalización a las que hace referencia el RIA (artículo 6.1 y 40 RIA). Además, el RIA establece que también la Comisión pueda aprobar especificaciones comunes. Se trata, según la definición del mismo RIA, de un documento, distinto de una norma, con soluciones técnicas que proponen una forma de cumplir determinados requisitos y obligaciones. La particularidad es que es una institución europea (no un organismo privado) quien las desarrolla y aprueba (artículo 41 RIA).

c) Controles que acreditan la conformidad de un producto con los requisitos obligatorios. Estos controles son realizados por organismos de evaluación de la conformidad acreditados por las autoridades nacionales de acreditación.

La técnica armonizadora del nuevo enfoque se distingue de los anteriores por la intervención directa de la Comisión Europea en la normalización mediante la aprobación de especificaciones comunes a través de actos de ejecución. Son especificaciones técnicas que la Comisión Europea adoptará cuando considere que no existen normas armonizadas, cuando sean insuficientes (de acuerdo con el

---

[62] Indican Álvarez García y Tahirí Moreno (2023, p. 16) que la técnica del nuevo enfoque solo se ha utilizado para los productos sanitarios, de acuerdo con Artículo 9 del Reglamento (UE) 2017/745 del Parlamento Europeo y del Consejo, de 5 de abril de 2017, sobre los productos sanitarios, por el que se modifican la Directiva 2001/83/CE, el Reglamento (CE) n.º 178/2002 y el Reglamento (CE) n.º 1223/2009 y por el que se derogan las Directivas 90/385/CEE y 93/42/CEE del Consejo; y Artículo 9 del Reglamento (UE) 2017/746 del Parlamento Europeo y del Consejo, de 5 de abril de 2017, sobre los productos sanitarios para diagnóstico in vitro y por el que se derogan la Directiva 98/79/CE y la Decisión 2010/227/UE de la Comisión.

[63] El RIA prevé que la Comisión modifique los anexos III a VII, así como XI a XIII mediante actos delegados (artículo 97 RIA) siguiendo el procedimiento de comitología.

criterio de la misma Comisión)[64], o bien cuando sea necesario abordar cuestiones específicas relacionadas con la seguridad o con los derechos fundamentales[65]. Estas especificaciones técnicas, aunque desarrolladas por una institución europea, no son imperativas para los fabricantes; su no seguimiento no desencadena procedimiento sancionador alguno, pero su seguimiento garantiza la presunción de conformidad necesaria para la comercialización del sistema de inteligencia artificial (Álvarez García y Tahirí Moreno, 2023, p. 21).

Por otro lado, a diferencia de las especificaciones comunes, la Comisión Europea cuenta con una notable experiencia en normas armonizadas: el modelo regulatorio de co-regulación en el que participan organismos de normalización (de derecho privado) y la Comisión Europea. Los procedimientos de *testeo*, inspección o certificación a los que se someterán (obligatoriamente o voluntariamente) tanto los algoritmos como los datos utilizados en una aplicación de sistemas de inteligencia artificial de alto riesgo, están referidos a las normas armonizadas aprobadas por los organismos de normalización (y las especificaciones comunes aprobadas por la Comisión Europea)[66]. Desde que se alentó en el *Libro Blanco de la Gobernanza* de 2001 (COM(2001) 428 final), la Comisión Europea ha tenido oportunidad de ir mejorando este mecanismo de co-regulación con el paquete comunitario sobre mejora de la regulación (*Better Regulation Package*) de 2015, y con la *Comunicación de la Comisión sobre el principio de subsidiariedad y el principio de proporcionalidad* de 2018 (COM(2018) 703 final) (Hernández Peña, 2021, p. 29).

Así, el marco jurídico inicial de la estandarización experimentó una reforma significativa mediante el Reglamento 1025/2012. Este Reglamento regula el proceso de estandarización en el ámbito europeo, fortaleciendo el papel supervisor de la Comisión Europea y fomentando la transparencia y la participación en la

---

[64]   El Parlamento ha querido introducir una enmienda que tiene en cuenta el retraso indebido en el establecimiento de una norma armonizada adecuada. En efecto, desde que la Comisión Europea encarga una especificación técnica armonizada a un organismo de normalización hasta que ésta aparece publicada en el DOUE pueden transcurrir tres años, un plazo excesivamente dilatado para una tecnología como la inteligencia artificial (Álvarez García y Tahirí Moreno, 2023, 35 *apud* M. McFadden, *et al.,* 2021, p. 17).

[65]   El procedimiento de elaboración es el de examen (artículo 41.1 y 98.2 RIA) imponiendo la obligación de recabar los puntos de vista de organismos o grupos de expertos.

[66]   La Comisión ha indicado en su Libro Blanco de la IA y finalmente se ha incorporado al RIA, los requisitos legales que los estándares deberán reflejar:

- Respeto a los valores y normas europeas para datos de entrenamiento.
- Documentación y trazabilidad de datos para garantizar la intervención regulatoria.
- Transparencia y suministro de información.
- Solidez, y precisión para una intervención ex ante adecuada.
- Supervisión humana para una inteligencia artificial centrada en el ser humano.

elaboración de estándares (Hernández, 2021, p. 29). En el contexto del mercado digital único, la Comisión ha implementado diversas iniciativas, entre las cuales destaca el conocido como *Rolling Plan for ICT Standardization*. Este plan recoge las prioridades de normalización europeas, especialmente en el ámbito de la inteligencia artificial, abordando áreas que no están adecuadamente cubiertas por otros instrumentos normativos[67].

A nivel internacional, la Organización Internacional de Normalización (ISO), y específicamente ISO/IEC JTC 1 SC 42, desempeña un papel central en la estandarización de la inteligencia artificial, para lo cual ha establecido 16 proyectos y 6 grupos de trabajo. Entre estos, se destaca, por su relevancia para este estudio, el grupo de trabajo SC 42 / WG 3 - Confiabilidad de la inteligencia artificial, encargado de integrar guías éticas en los estándares técnicos que se desarrollen[68].

En el ámbito europeo, la tarea de estandarización técnica recae principalmente en el Comité Europeo de Normalización (CEN), el Comité Europeo de Normalización Electrónica (CENELEC) y el Instituto Europeo de Normas de Telecomunicaciones (ETSI). CEN-CENELEC y ETSI serán responsables de elaborar las normas armonizadas a las que hace referencia el RIA, en consonancia con lo establecido en el Reglamento 1025/2012. Una vez aprobadas, estas normas serán publicadas en el Diario Oficial de la Unión Europea (en la serie C)[69] y posteriormente incorporadas al Derecho interno[70].

El carácter privado de los organismos de normalización no debería inducir a confusiones respecto a la naturaleza jurídica de las normas armonizadoras. En este contexto, Álvarez García (2020) destaca la doctrina del Tribunal de Justicia de la Unión Europea (TJUE) en su Sentencia C-613/14, caso *James Elliott*, donde se establece que las normas técnicas armonizadas, a pesar de ser medidas de ejecución de actos legislativos de la Unión Europea emitidas por un ente privado (el correspondiente organismo de normalización), están sujetas a control por parte del TJUE. Aunque carecen de una obligatoriedad jurídica intrínseca, las normas

---

[67] https://joinup.ec.europa.eu/collection/rolling-plan-ict-standardisation/rolling-plan-2020 visitada 6 de diciembre de 2023.

[68] El enfoque basado en riesgos es precisamente el que se está utilizando en el Grupo de Trabajo ISO/IEC JTC 1/SC 42 sobre inteligencia artificial. Se han formado los siguientes subgrupos: Sesgo en sistemas de inteligencia artificial y toma de decisiones asistida por inteligencia artificial; Panorama de la confiabilidad en la inteligencia artificial; Evaluación de la robustez de las redes neuronales; Gestión de riesgos; y Panorama de las preocupaciones éticas y sociales.

[69] Se publican tan solo su código numérico y su título. Las normas están protegidas por derechos de propiedad intelectual que pertenecen a los organismos de normalización quienes las venden para financiarse (Álvarez García, 2017; Álvarez García, 2020).

[70] En el caso de España, AENOR es el organismo de normalización y certificación.

técnicas poseen una naturaleza jurídica que puede ser interpretada y cuya validez puede ser sometida a revisión por el TJUE. En este contexto, la cuestión prejudicial (art. 267 TFUE) y la acción de incumplimiento (art. 258 TFUE) representan los instrumentos determinantes para validar los efectos jurídicos de las normas armonizadoras. Por otro lado, la dimensión jurídica, más allá de la exclusivamente técnica, se ve fortalecida con la inclusión de los derechos fundamentales como un componente integral en el proceso de estandarización tanto en la elaboración de las normas armonizadas, como en el control y la supervisión de las mismas.

CEN-CENELEC y ESTI aprueban las normas armonizadas que están destinadas a los desarrolladores de sistemas de inteligencia artificial y persiguen la adecuada implementación de las políticas y cumplimiento de la regulación europea. Esta finalidad obliga a un diálogo continuo entre estos organismos europeos y la Comisión Europea, así como a una constante coordinación con los organismos internacionales de normalización, y en concreto con el grupo de trabajo ISO/IEC JTC 1 SC/42 en inteligencia artificial. Con ello, se logra influir en la normalización internacional y que ésta incorpore la visión europea en relación a los requisitos éticos y jurídicos que deben satisfacer los sistemas de inteligencia artificial.

ESTI cuenta desde el año 2019 con un grupo sobre sobre Seguridad en Inteligencia Artificial (ISG SAI). Se centra en tres áreas clave: utilizar la inteligencia artificial para mejorar la seguridad, mitigar ataques que aprovechen la inteligencia artificial y asegurar la inteligencia artificial en sí misma contra ataques. Por su parte CEN-CENELEC ha creado un Grupo Focal sobre Inteligencia Artificial que aborda la normalización de la inteligencia artificial en Europa, tanto a través de un enfoque ascendente (similar al de ISO/IEC JTC 1 SC/42) como de un enfoque descendente (centrándose en un plan a largo plazo para la normalización europea)[71].

---

[71] Los elementos clave incluyen:
- Mapeo de las iniciativas actuales de normalización europea e internacional sobre inteligencia artificial.
- Identificación de necesidades específicas de normalización.
- Formulación de recomendaciones sobre la mejor manera de abordar la ética de la inteligencia artificial en el contexto europeo.
- Identificación de los Comités Técnicos de CEN y CENELEC que se verán afectados por la inteligencia artificial.
- Monitoreo de posibles cambios en la legislación europea.
- Coordinación con el Grupo de Expertos de Alto Nivel sobre Inteligencia Artificial e identificación de sinergias.
- Actuar como punto focal para los Comités Técnicos de CEN y CENELEC.
- Fomentar una mayor participación europea en los Comités Técnicos de ISO e IEC.

CEN cuenta con el comité técnico CEN/CLC/JTC 21 en inteligencia artificial. En particular, CEN-CLC/JTC 21 identifica y adopta normas internacionales ya disponibles o en desarrollo por otras organizaciones como ISO/IEC JTC 1 y sus subcomités, como SC/42 Inteligencia Artificial. Además, CEN-CLC/JTC 21 se centra en generar productos de normalización que aborden las necesidades del mercado y de la sociedad europea, al mismo tiempo que respaldan la legislación, políticas, principios y valores de la Unión Europea. Está organizado en cinco grupos de trabajo diferentes[72] y cuenta con un programa de trabajo que abarca numerosos aspectos de estándares técnicos de la inteligencia artificial: sesgos en sistemas de inteligencia artificial y decisiones asistidas por inteligencia artificial; evaluación de conformidad de la inteligencia artificial; *check list* para la gestión de riesgos de la inteligencia artificial; y guía en la gestión de riesgos[73], entre otras medidas.

La naturaleza jurídica de las normas armonizadoras, intensificada por la incorporación de la protección de la salud, la seguridad y los derechos fundamentales en su elaboración, genera nuevos desafíos a los que se enfrentan estos grupos de trabajo en el ámbito de la normalización de la inteligencia artificial (McFadden, *et al.*, 2021). Aunque es cierto que los requisitos del RIA se centran en sistemas y procesos en lugar de derechos sustantivos y requisitos de salud, éstos solo serán efectivos si logran mitigar los riesgos para los derechos sustantivos. Por ello, será necesario garantizar la participación de los entes dedicados a la protección de los derechos fundamentales y contar con expertos en salud, seguridad y derechos fundamentales (McFadden, *et al.*, 2021, 19). Las normas armonizadas que ejecutan los mandatos del RIA deberán, por tanto, contar en su preparación con la contribución de expertos en derechos fundamentales (juristas) y basarse en el corpus jurídico de protección de derechos y valores de la Unión Europea (Álvarez García y Tahirí Moreno, 2023, p. 26).

La técnica armonizadora del nuevo enfoque vertebra el modelo de gobernanza europeo en inteligencia artificial. La colaboración público-privada entre las instituciones europeas y nacionales, por un lado, y los organismos de normalización, por otro, facilitan la adaptación a los desarrollos tecnológicos de una realidad motorizada como lo es la inteligencia artificial. Sin embargo la inclusión de los derechos fundamentales en la elaboración y aprobación de normas armonizadas por parte de organismos como CEN-CELENEC o ESTI implica que sujetos de derecho privado ponderarán derechos y libertades personales. Este aspecto plantea

---

[72] Son los siguientes: Grupo Asesor Estratégico; Aspectos Operativos; Aspectos de Ingeniería; Aspectos Fundamentales y Societales; y Normalización Conjunta sobre Ciberseguridad para Sistemas de Inteligencia Artificial.

[73] La aprobación de este estándar técnico (prEN ISO/IEC 23894) está prevista para marzo de 2025, dos años después de que se iniciaran los trabajos de redacción.

un desafío adicional para un sistema jurídico que reserva a los operadores jurídicos el test de proporcionalidad.

Las normas armonizadas contienen evaluaciones sobre los riesgos que pueden producir sobre los derechos fundamentales y, por lo tanto, incorporan necesariamente el test de proporcionalidad inicialmente reservado a operadores jurídicos. Como se ha mencionado, estas normas armonizadas se publican en el DOUE, sección C, si bien solo se publica su referencia, ya que el acceso al contenido está sujeto al pago de una cantidad al organismo de normalización con la que logra financiarse. Un primer paso para que los derechos fundamentales encuentren acomodo en esta técnica del nuevo enfoque es, como proponen Álvarez García y Tahirí Moreno, que la Comisión adquiera las normas de armonización en pos del eficiente funcionamiento de la política armonizadora (Álvarez García y Tahirí Moreno, 2023, p. 34) y el acceso al test de proporcionalidad que guio la ponderación de derechos y libertades[74].

LOS DERECHOS FUNDAMENTALES EN EL CONTROL DE SISTEMAS DE INTELIGENCIA ARTIFICIAL: LA EVALUACIÓN DE IMPACTO SOBRE LOS DERECHOS FUNDAMENTALES

Las normas armonizadas (artículo 40 RIA) y las especificaciones comunes (artículo 41 RIA) ejecutan las obligaciones que establece el RIA concernientes a los sistemas de gestión de riesgos (artículo 9 RIA); las prácticas adecuadas de gobernanza y gestión de datos (artículo 10 RIA); los certificados conformidad previos y posteriores a la comercialización (artículo 11 RIA); y las obligaciones de registro en bases de datos europeas (artículo 12 RIA), entre otras obligaciones.

El modelo de rendición de cuentas (de control del cumplimiento de requisitos esenciales y especificaciones técnicas) elaborado por el RIA incluye controles *ex ante* y *ex post* de sistemas de inteligencia artificial. Dicho modelo precisa nuevas instituciones (europeas y nacionales) como el Comité europeo de inteligencia artificial[75],

---

[74] Álvarez García y Tahirí Moreno (2023, p. 34) apuntan a la colaboración público-privada entre la Comisión y los organismos de normalización articulada a través de las Directrices Generales para la Cooperación entre CEN, CENELEC y ETSI con la Comisión Europea y la Asociación Europea de Libre Comercio de 28 de marzo de 2003.

[75] El Comité Europeo de Inteligencia Artificial del artículo 65 RIA se crea a imagen del Comité Europeo de Protección de Datos como órgano de asistentica a la Comisión. El Parlamento en sus enmiendas quiere ir más lejos y propone la creación de una Oficina Europea de Inteligencia Artificial con personalidad jurídica propia e independencia en el desempeño de sus funciones, de manera que rendirá cuentas ante el Parlamento y el Consejo y contará con un Foro consultivo que representará a los *stakeholders*.

la autoridad nacional de notificación[76], la autoridad nacional de supervisión, los organismos de evaluación de la conformidad[77], o la autoridad de vigilancia del mercado[78] para canalizar la evaluación, certificación, registro y notificación de sistemas de inteligencia artificial de alto riesgo, la monitorización del mercado, o la notificación de incidentes, entre otros. El resultado es un modelo de gobernanza caracterizado por la necesaria colaboración público-privada de la que nos hablan Álvarez García y Tahirí Moreno (2023, p. 16), en la que los requisitos esenciales los establecen las instituciones europeas, mientras que las especificaciones técnicas las realizan entidades de normalización, y en algunos casos la propia Comisión Europea.

Por lo que se refiere a los controles *ex post*, el RIA impone a las autoridades de vigilancia del mercado obligaciones de supervisión e información para asegurar que una vez que los sistemas de inteligencia artificial se comercialicen, las autoridades públicas tengan los medios y la competencia para intervenir en el caso de que surjan riesgos inesperados. Entre otros, el RIA establece en su artículo 73.1 el mandato a los proveedores de notificar a las autoridades de vigilancia del mercado nacionales aquellos incidentes graves y fallos de funcionamiento de los sistemas de alto riesgo. Además de las autoridades de vigilancia del mercado, el RIA prevé la existencia de autoridades u organismos públicos nacionales encargados de supervisar o hacer respetar las obligaciones contempladas en el Derecho de la Unión en materia de protección de los derechos fundamentales con respecto al uso de sistemas de inteligencia artificial de alto riesgo del Anexo III (artículo 77 RIA)[79].

---

[76] El RIA la define como la autoridad nacional responsable de establecer y llevar a cabo los procedimientos necesarios para la evaluación, designación y notificación de los organismos de evaluación de la conformidad, así como de su seguimiento (artículo 3 RIA).

[77] Se trata de un organismo independiente que desempeña actividades de evaluación de la conformidad, entre las que figuran la prueba, la certificación y la inspección (artículo 3 RIA).

[78] Las autoridades (nacionales) de vigilancia del mercado están previstas en el Reglamento (UE) 2019/1020 del Parlamento y del Consejo de 20 de junio de 2019 relativo a la vigilancia del mercado y la conformidad de los productos y por el que se modifican la Directiva 2004/42/CE y los Reglamentos (CE) núm. 765/2008 y (UE) núm. 305/2011. Vigilan el mercado de productos a los que se aplica la legislación de armonización de la Unión (relacionada en el Anexo I del Reglamento), a fin de garantizar que solamente se comercialicen en la Unión Europea productos conformes que cumplan los requisitos que proporcionan un nivel elevado de protección de intereses públicos, como la salud y la seguridad en general, la salud y la seguridad en el trabajo, la protección de los consumidores, del medio ambiente y la seguridad pública y cualquier otro interés público protegido por dicha legislación. Tras la aprobación del RIA, estas autoridades también abordarán incumplimientos graves en la protección de derechos fundamentales.

[79] El Real Decreto 729/2023, de 22 de agosto, por el que se aprueba el Estatuto de la Agencia Española de Supervisión de Inteligencia Artificial, asigna esta competencia (si bien no de manera exclusiva) a dicha Agencia, de acuerdo con el artículo 4.2: «En el ámbito de la competencia esta-

En lo que respecta al control *ex ante* de la técnica armonizadora del nuevo enfoque, el RIA opta por el conocido instrumento de la evaluación de conformidad de un producto con las normas (técnicas) que le son de aplicación (artículo 43 RIA). Dependiendo de los casos, los sistemas de inteligencia artificial de alto riesgo pueden quedar sujetos a una auto-certificación o bien a una evaluación de conformidad por tercera parte (un organismo notificado)[80]. En todo caso, la evaluación de conformidad de las tecnologías consideradas de alto riesgo se basará en las normas armonizadas aprobadas por los organismos de normalización y publicadas en el DOUE, o en las especificaciones comunes adoptadas por la Comisión Europea a través de actos de ejecución. Ambas incluyen, como se ha indicado, la valoración del impacto potencial sobre los derechos fundamentales de las personas físicas.

La evaluación de los riesgos de los sistemas de inteligencia artificial invoca un principio similar al de la incertidumbre de la mecánica cuántica formulado por Werner Heisenberg en 1927[81]: «cuanto más preciso es un análisis, más difícil es conseguir una explicación de por qué la máquina ha tomado la esta decisión» (Valls Prieto, 2021, p. 107). En ocasiones (cuando se utiliza tecnología de caja negra) es imposible establecer un nexo causal entre los datos de entrada y los datos de salida (la decisión). Para evitar este oscurantismo, Valls propone llevar a cabo una evaluación en dos momentos: antes de empezar siquiera a diseñar el sistema de inteligencia artificial, y antes de la comercialización del mismo. De esta manera, se puede reconstruir la relación entre la toma de decisiones y el riesgo o impacto ocasionado. La evaluación de riesgos debe extenderse a los tres niveles de operación de un sistema de inteligencia artificial: los datos que alimentan el algoritmo, el procesamiento de los datos y el resultado final.

En la fase de resultados de un sistema de inteligencia artificial no solo hay que evaluar cuestiones técnicas sino también los impactos negativos que potencialmente pueda tener sobre los derechos fundamentales. Usar sistemas de inteli-

---

tal, ejercerá las funciones de autoridad responsable de la supervisión, y en su caso sanción, de los sistemas de inteligencia artificial con el objeto de eliminar o reducir los riesgos para la integridad, la intimidad, la igualdad de trato y la no discriminación, en particular entre mujeres y hombres, y demás derechos fundamentales que pueden verse afectados por el mal uso de los sistemas».

[80] Los organismos notificados por la autoridad nacional notificante son los organismos de evaluación de la conformidad.

[81] Este principio establece que no se puede conocer simultáneamente con precisión la posición y la cantidad de movimiento (*momentum*) de una partícula subatómica. En otras palabras, cuanto más precisamente se conoce la posición de una partícula, menos precisa será la información sobre su cantidad de movimiento, y viceversa. Este principio tiene importantes implicaciones filosóficas sobre la naturaleza probabilística y no determinista de la mecánica cuántica.

gencia artificial afecta a una gran variedad de derechos fundamentales en cualquier campo de aplicación: la privacidad, la protección de datos, la no discriminación, la igualdad, el acceso a la justicia, la dignidad humana, la buena administración, incluso el derecho a la educación. La Agencia de los Derechos Fundamentales de la Unión Europea nos recuerda que de acuerdo con el artículo 51.1 de la Carta de Derechos Humanos, los Estados miembros deben respetar todos los derechos incorporados en la Carta cuando aplican el Derecho de la Unión[82]. Por otro lado, de acuerdo con las normas internacionales existentes, especialmente los principios rectores de las Naciones Unidas sobre las empresas y los derechos humanos, las empresas deben contar con «un proceso de diligencia debida (*due diligence*) en materia de derechos humanos para identificar, prevenir, mitigar y rendir cuentas de cómo abordan su impacto sobre los derechos humanos» (principios 15 y 17). En este sentido, la Unión Europea adoptará en 2024 un texto legislativo relativo a los informes corporativos sobre derechos humanos exigidos a empresas: la Directiva de Diligencia Debida en Sostenibilidad Corporativa (COM/2022/71 final). Con este texto normativo, las empresas tendrán que adoptar un deber de diligencia corporativa para prevenir impactos negativos sobre los derechos humanos y el medio ambiente, tanto en sus operaciones internas como a lo largo de sus cadenas de suministro.

Finalmente, el RIA, incluye, en aras a la mejor protección de los derechos fundamentales de las personas físicas, la obligación para los desplegadores[83] de sistemas de inteligencia artificial de alto riesgo de llevar a cabo una evaluación de impacto sobre los derechos fundamentales antes de poner un sistema de inteligencia artificial en uso. Esta obligación prevista en el artículo 27 ha quedado reflejada en el RIA con menos ambición de la que quiso insuflar el Parlamento, pero su inclusión puede ser valorada de extraordinariamente positiva.

La evaluación del impacto sobre los derechos fundamentales es obligatoria cuando, los desplegadores (o implementadores, si se prefiere) de los sistemas de inteligencia artificial de alto riesgo del artículo 6.2 (aquellos recogidos en el Anexo III) sean entidades sujetas a derecho público, o bien sean operadores privados en el ámbito de la aprobación de créditos bancarios y seguros de vida y salud. La evaluación, de acuerdo con el RIA, consistirá en:

---

[82]   Se trata del informe «Construir correctamente el futuro. La inteligencia artificial y lo derechos fundamentales», disponible en: https://fra.europa.eu/sites/default/files/fra_uploads/fra-2021-artificial-intelligence-summary_es.pdf (último acceso diciembre de 2023).

[83]   El palabro «desplegador» es la traducción al español del término *deployer*, que se refiere a la entidad o persona responsable de implementar o poner en funcionamiento un sistema de inteligencia artificial o aplicación tecnológica.

a) una descripción de los procesos del implementador en los cuales se utilizará el sistema de IA de alto riesgo de acuerdo con su propósito previsto;

b) una descripción del período de tiempo y frecuencia en el cual se prevé utilizar cada sistema de IA de alto riesgo;

c) las categorías de personas naturales y grupos probablemente afectados por su uso en el contexto específico;

d) los riesgos específicos de daño probable que puedan afectar a las categorías de personas o grupos de personas identificados conforme al punto (c), teniendo en cuenta la información proporcionada por el proveedor conforme al artículo 13;

e) una descripción de la implementación de medidas de supervisión humana, de acuerdo con las instrucciones de uso;

f) las medidas a tomar en caso de materialización de estos riesgos, incluidos sus arreglos para la gobernanza interna y los mecanismos de queja.

En definitiva, un proceso de evaluación de impacto sobre los derechos fundamentales, debe abarcar aspectos como la identificación de impactos previsibles, así como la elaboración de un plan de mitigación[84].

La evaluación de impacto sobre los derechos fundamentales refuerza el papel vertebrador de estos derechos en los tres elementos de la técnica armonizadora del nuevo enfoque: los requisitos esenciales, las especificaciones técnicas (tanto normas armonizadas como especificaciones comunes) y los controles (*ex ante* y *ex post*). La obligación de contar con la evaluación de impacto sobre los derechos fundamentales se exige a los implementadores de sistemas de inteligencia artificial de alto riesgo; los sujetos que podrán llevar a cabo dicha evaluación no se limitará exclusivamente a las autoridades públicas, tanto a nivel nacional como europeo, sino que también se extenderá a los proveedores de sistemas de inteligencia artificial (sujetos a obligaciones de evaluación de impacto), y a organismos de derecho privado con funciones públicas, como los organismos de evaluación de la conformidad.

---

[84] Si bien el RIA establece la obligación de que los desplegadores cuenten con tecnología que ha superado la evaluación de impacto sobre los derechos fundamentales, el Parlamento Europeo cuando incluyó esta propuesta, dirigía la obligación a los proveedores por considerar que estaban en mejor posición para identificar los riesgos relacionados con estos sistemas de inteligencia artificial. El Parlamento también pretendió que en el proceso de evaluación se contara con amplia participación de las partes interesadas, consciente de que la participación pública es un efectivo instrumento de legitimación y de fiabilidad de la inteligencia artificial.

EVALUACIÓN DE IMPACTO SOBRE LOS DERECHOS FUNDAMENTALES

Los derechos fundamentales están ganando protagonismo en el modelo de gobernanza europeo de la inteligencia artificial. La definición de sistemas de inteligencia artificial de alto riesgo[85], el contenido de especificaciones técnicas (ya sean normas armonizadoras o especificaciones comunes), así como las técnicas de control *ex ante* y *ex post* hacen de los derechos fundamentales un elemento vertebrador del modelo de responsabilidad compartida abrazado por Europa (Janssen, *et al.*, 2022, p. 201)[86].

El RIA utiliza los derechos fundamentales, particularmente los consagrados en la Carta de los Derechos Fundamentales de la Unión Europea, como un componente fundamental en la evaluación de riesgos. Esta evaluación aborda el impacto sobre los derechos fundamentales de las personas físicas, tal como se establece en el artículo 27 del RIA. De esta manera, se establece un mecanismo destinado a identificar, prevenir y mitigar los efectos negativos de los sistemas y desarrollos de inteligencia artificial sobre los derechos humanos (Leslie, *et al.*, 2021, p. 30).

Entre los derechos a los que se refiere el RIA (la lista no es excluyente) se encuentran la dignidad humana, el respeto a la vida privada y familiar, la protección de datos personales, la libertad de expresión e información, la libertad de reunión y asociación, así como la prohibición de la discriminación en todas sus formas. Además, se garantiza el *derecho a la educación*[87], la protección al consumidor, los derechos laborales, los derechos de las personas con discapacidad, la igualdad

---

[85] Como se ha indicado más arriba, el artículo 6 RIA introduce, a modo de excepción de la norma general, una disposición según la cual los sistemas de inteligencia artificial recogidos en el Anexo III (*prima facie*, de alto riesgo) «no se considerarán de alto riesgo si no representan un riesgo significativo de daño para la salud, la seguridad o los derechos fundamentales de las personas físicas, incluido el hecho de no influir materialmente en el resultado de la toma de decisiones [...]».

[86] Un claro antecedente que sirve de inspiración en la gobernanza de la inteligencia artificial en Europa, es el Reglamento General de Protección de Datos que demanda, tanto a empresas como a organismos públicos, que se evalúen los riesgos a los derechos y libertades que pueda ocasionar el procesamiento de datos: la llamada Evaluación de Impacto de Protección de Datos. Con este instrumento se describe y evalúa la necesidad y proporcionalidad del procesamiento de datos que lleve a cabo la organización.

[87] Las cursivas son mías. La redacción del RIA menciona el derecho a la educación, recogido en el artículo 14 de la Carta, reconociendo así su importancia en la sociedad actual y su traslación al sistema de gobernanza de la inteligencia artificial propuesto por Europa. Asimismo, se menciona los derechos específicos de los niños, conforme a lo establecido en el artículo 24 de la Carta y en la Convención de las Naciones Unidas sobre los Derechos del Niño. Estos derechos incluyen aspectos relacionados con el entorno digital, siendo la Observación General Núm. 25 un punto de referencia relevante en esta materia.

de género, los derechos de propiedad intelectual y el acceso a una tutela judicial efectiva y a un juicio justo, el derecho de defensa y la presunción de inocencia, así como el derecho a una buena administración.

La inclusión de la evaluación de impacto sobre los derechos fundamentales representa un retorno a la herramienta de evaluación en el modelo de gobernanza de la inteligencia artificial[88]. Este instrumento, concebido en los años setenta, ha sido mantenido por Europa en diversos ámbitos tecnológicos debido a su capacidad para fomentar un diálogo continuo y fluido entre la democracia y la tecnología (Nemitz, 2018, p. 11). Su función radica en garantizar que el control y la regulación estén siempre actualizados y adaptados a los avances tecnológicos en curso, evitando que la tecnología sobrepase las regulaciones existentes y asegurando que la normativa evolucione en paralelo con los avances tecnológicos.

La evaluación de impacto sobre los derechos fundamentales requiere, en líneas generales, la definición de estándares y procedimientos que serán establecidos mediante normas jurídicas específicas. Además, es necesario contar con instituciones de control que actúen como autoridades públicas responsables de supervisar dicho proceso, así como con un sistema de sanciones que se aplique en caso de incumplimiento (Nemitz, 2018, p. 12). Este marco se refleja en el procedimiento de evaluación de impacto, el cual comprende cuatro fases relevantes identificadas por Mantelero (2022, p. 50):

1. Identificación de riesgos y posibles impactos sobre derechos fundamentales.
2. Evaluación de la magnitud y probabilidad de los impactos.
3. Definición de medidas de mitigación y prevención.
4. Implementación de las medidas y seguimiento continuo.

En el RIA se esboza ya el procedimiento de evaluación de impacto sobre los derechos fundamentales. El artículo 27 RIA no identifica claramente fases, pero sí hitos que deben encontrarse en el procedimiento.

1. A la fase de identificación de riesgos y probabilidad de impactos le corresponden los siguientes elementos:
   a) una descripción de los procesos del desplegador en los cuales se utilizará el sistema de IA de alto riesgo de acuerdo con su propósito previsto;

---

[88] Se podría decir que la evaluación de impacto es esencial en el RIA que contempla hasta tres modalidades de esta técnica ex ante: la evaluación de riesgos, la evaluación de conformidad, y la evaluación de impacto sobre los derechos fundamentales.

b) una descripción del período de tiempo y frecuencia en el cual se prevé utilizar cada sistema de IA de alto riesgo;

c) categorías de personas naturales y grupos probablemente afectados por su uso en el contexto específico.

2. A la fase de evaluación de la magnitud y probabilidad de los impactos le corresponde:

d) los riesgos específicos de daño probable que puedan afectar a las categorías de personas o grupos de personas.

3. Corresponden a la fase definición de medidas de mitigación:

e) una descripción de la implementación de medidas de supervisión humana, de acuerdo con las instrucciones de uso.

4. Finalmente, a la fase de ejecución de medidas y seguimiento le corresponde el elemento siguiente:

f) las medidas a tomar en caso de materialización de estos riesgos, incluidos sus arreglos para la gobernanza interna y los mecanismos de queja.

Este esquema es acertado en muchos aspectos, como la necesidad de identificar las personas y grupos que pueden verse afectados (aunque elude la identificación de los contextos territoriales donde se utilizarán los desarrollos tecnológicos), o los instrumentos de *compliance* del artículo 27 RIA con el fin de reproducir el contexto jurídico de los derechos humanos, teniendo en cuenta tanto la legislación como la jurisprudencia relevante (Manterelo, 2022, p. 52).

En conjunto, se persigue garantizar el desarrollo y la implementación de tecnologías de inteligencia artificial, considerando el equilibrio entre los beneficios y los posibles impactos negativos sobre los derechos de las personas. En la doctrina se pueden encontrar distintas propuestas que adaptan a los derechos fundamentales el habitual esquema de evaluación de impacto. Por ejemplo, Janssen, *et al.*, (2022) proponen un procedimiento, articulado en cuatro fases diferenciadas, específico para la evaluación de impacto sobre los derechos fundamentales:

1. Descripción y asignación de responsabilidades. En esta etapa, se debe realizar una descripción detallada del propósito que se pretende lograr mediante el desarrollo de la inteligencia artificial bajo examen. Se deben definir claramente las metas y objetivos que la herramienta tecnológica busca alcanzar. Además, es fundamental identificar y especificar las tareas y responsabilidades atribuidas a todos los actores involucrados en la aplicación de la inteligencia artificial, incluyendo a los desarrolladores, usuarios, proveedores y cualquier otra parte relevante. Esto permite comprender quiénes serán los actores clave en el proceso y cómo sus acciones pueden influir en los derechos fundamentales.

2. Evaluación de riesgos en derechos fundamentales. En esta fase, se procede a una evaluación exhaustiva de los posibles riesgos que la herramienta de inteligencia artificial puede presentar para los derechos fundamentales. Se identifican los posibles escenarios en los cuales los derechos individuales pueden verse afectados negativamente debido al funcionamiento o mal uso de la tecnología. Esta evaluación debe ser holística y considerar diversos aspectos, como la privacidad, la discriminación, la seguridad y cualquier otro derecho fundamental relevante.

3. Justificación y examen de proporcionalidad. Una vez identificados los riesgos en la fase anterior, en esta etapa se procede a justificar y examinar la proporcionalidad de los riesgos que se generan y asumen en relación con los beneficios buscados con la herramienta tecnológica. Es importante determinar si los posibles impactos negativos en los derechos fundamentales son proporcionales a los objetivos y beneficios que la inteligencia artificial busca alcanzar. Se deben considerar alternativas menos invasivas y se debe argumentar de manera sólida por qué los riesgos justifican el uso de la tecnología en cuestión.

4. Medidas para reducción y mitigación de riesgos. En la última fase, se proponen y detallan las medidas técnicas y organizativas que se implementarán para reducir y mitigar los riesgos identificados en la fase de evaluación. Esto podría incluir ajustes en la arquitectura de la inteligencia artificial, la implementación de salvaguardias de privacidad, la adopción de políticas de uso responsable, la capacitación de usuarios y la implementación de mecanismos de supervisión continua. Estas medidas deben ser específicas y efectivas para abordar los riesgos de manera efectiva, asegurando así que los derechos fundamentales sean protegidos y respetados en todo momento.

Por otro lado, la propuesta que hace el gobierno de Países Bajos[89] para un procedimiento de evaluación de impacto sobre los derechos fundamentales incorpora elementos típicos de la teoría general del los derechos fundamentales y del test

---

[89] La evaluación de impacto de los algoritmos sobre los derechos fundamentales elaborada por el gobierno neerlandés puede consultarse en la página web siguiente: https://www.government. nl/documents/reports/2022/03/31/impact-assessment-fundamental-rights-and-algorithms. En la obra de Simón Castellano, se puede encontrar referencias a los modelos de evaluación de impacto algorítmica desde una perspectiva comparada (2023). El autor se refiere así a los modelos de Canadá (Algorithmic Impact Assessment Tool), la herramienta elaborada por EE.UU. (Algorithmic Impact Assessment), los Países Bajos, el modelo PIO (Principios, Indicadores, y Observables) de autoevaluación elaborado por la OEIAC, o el modelo del Instituto Ada Lovelance.

de proporcionalidad del filósofo del derecho Robert Alexy, llegando a distinguir hasta cinco fases.

Fase 1: Identificación de derechos fundamentales afectados. En esta etapa inicial, se identifican los derechos fundamentales que podrían verse afectados por el caso de uso específico de la inteligencia artificial que está siendo evaluado. Se debe comprender claramente cómo la implementación de la tecnología puede tener impactos en los derechos individuales tales como la privacidad, la no discriminación o la libertad de expresión entre otros.

Fase 2: Recopilación de legislación y acervo jurídico. Una vez identificados los derechos fundamentales que pueden verse afectados, se procede a recopilar y analizar la legislación y el acervo jurídico aplicable. Esto implica examinar leyes, regulaciones, normativas y precedentes legales que definen y protegen estos derechos.

Fase 3: Identificación de la intensidad del impacto o riesgo. En esta fase, se evalúa la gravedad de los impactos o riesgos que la implementación de la tecnología de inteligencia artificial pueden tener en los derechos fundamentales identificados. Se busca determinar el alcance y la magnitud de los posibles efectos negativos en los derechos individuales y en la sociedad en general.

Fase 4: Identificación de objetivos del desarrollo de la inteligencia artificial. Es crucial comprender los motivos detrás de la implementación de la tecnología y cómo estos objetivos se relacionan con los posibles impactos en los derechos fundamentales. Esta fase establece la base para evaluar la proporcionalidad de la medida.

Fase 5: Test de proporcionalidad. Esta etapa consta de tres subfases:

5.1. Adecuación de la medida a los fines: Se evalúa si la medida propuesta para la implementación de la tecnología con su afectación de derechos fundamentales o bienes jurídicos es adecuada para lograr los objetivos buscados. Se considera, por tanto, si la tecnología eficaz para alcanzar los objetivos establecidos.

5.2. Necesidad de la medida: Se analiza si la implementación de la tecnología con sus riesgos es necesaria para lograr los objetivos. Es decir, se exploran alternativas menos lesivas de derechos que puedan alcanzar los mismos objetivos.

5.3. Proporcionalidad en sentido estricto: Se examina si los beneficios esperados de la tecnología justifican los posibles impactos negativos en los derechos fundamentales. Se busca un equilibrio entre los objetivos perseguidos y la protección de los derechos individuales.

La ley de la ponderación y el principio de proporcionalidad son los elementos axiales de la evaluación de impacto algorítmico en los derechos fundamentales. El punto de partida es la propuesta teórica de Alexy de acuerdo con la cual los derechos fundamentales son conceptualizados como principios, es decir, como «mandatos de optimización» (*Optimierungsgebote*). A diferencia de las reglas o «mandatos de determinación» que especifican precisamente qué hacer y son susceptibles de aplicación mediante una operación de subsunción (típicamente, mediante un silogismo *modus ponens*), los principios jusfundamentales, considerados de forma aislada, son mandatos *prima facie* y esto supone que determinar el grado de satisfacción en cada caso en que pudiera entrar en conflicto con otros posibles derechos exige una labor de ponderación (Alexy, 2014, p. 13).

El principio de proporcionalidad está ampliamente aceptado por la doctrina y la jurisprudencia tanto nacional como internacional. Consta de los consabidos tres subprincipios: el principio de idoneidad, el principio de necesidad y el principio de proporcionalidad en sentido estricto. Todos estos subprincipios son expresión del mandato de optimización (Alexy, 2014, p. 14). Idoneidad y necesidad se refieren a la optimización relativa a las posibilidades fácticas, que consiste en evitar costes inevitables (evitar el impacto en los derechos fundamentales). Cuando los costes son inevitables es porque estamos ante un caso de conflicto de derechos y entonces, la ponderación es necesaria. La formulación de la ley de la ponderación es como sigue:

> *Cuanto mayor es el grado de la no satisfacción o afectación de un principio, tanto mayor tiene que ser la importancia de la satisfacción del otro* (Alexy, 2014, p. 14).

Esta ley de ponderación tiene variadas formulaciones. En el trabajo referido del año 2014, el filósofo alemán reveló a su traductor, García Figueroa, que contenía la más precisa elaboración de la ley de la ponderación: la denominada *fórmula del peso*. Esta es la siguiente:

$$G_{ij} = \frac{I_i \cdot G_i \cdot C_i}{I_j \cdot G_j \cdot C_j}$$

C_{ij} representa el peso concreto del principio P_i en relación con el principio en conflicto P_j; dicho peso está expresado en forma de cociente de tres factores. I_i representa la intensidad de la afectación de P_i, mientras que I_j representa la importancia de satisfacer el principio P_j. I_j también puede entenderse como la intensidad de afectación de P_j mediante la no-afectación de P_i.

Por otro lado, G_i y G_j representan los pesos abstractos de los principios en conflictos. Por ejemplo, el peso abstracto del principio de la dignidad humana es mayor que el peso abstracto del principio jusfundamental a la educación (Alexy, 2014, p. 15); en el caso de que los valores abstractos de los principios en conflicto sean iguales, se contrarrestan, sin que logren tener ningún papel.

Finalmente, C_i y C_j se refieren a la certeza de los presupuestos empíricos y normativos en relación a cuán intensa sería la afectación de P_i y cuán intensa sería la afectación de P_j si se omitiera la afectación de P_i. La certeza de los presupuestos empíricos y normativos también pueden referirse a los pesos abstractos de P_i y P_j. Certeza aquí no se refiere a un factor óntico, es decir, a las intensidades de las afectaciones en este caso, sino que es un factor epistémico: al conocimiento que tenemos de dichas afectaciones.

Incluir este factor epistémico en la fórmula del peso es una exigencia de la segunda ley de la ponderación, la denominada *ley epistémica de la ponderación* según la cual:

> *Cuanto más pese la afectación de un derecho fundamental, mayor debe ser la certeza de sus premisas subyacentes* (Alexy, 2014, p. 15).

Robert Alexy ejemplifica la fórmula del peso en casos donde la dignidad humana entra en conflicto con otros principios. Imaginemos un sistema de inteligencia artificial aplicado a la educación que recabe miles de datos sobre los resultados del estudiante menor de edad, su comportamiento, las reacciones emocionales e incluso los datos biométricos que genere en el colegio, con la finalidad de ofrecer una educación hecha a medida, o personalizada. En este supuesto podemos identificar dos principios: la dignidad humana, representada con P_i, y la educación, representada con P_j. Para proceder de acuerdo con la ley de la ponderación, hay que determinar la intensidad de afectación de la dignidad humana P_i así como la importancia de satisfacer el principio jusfundamental a la educación P_j. Posteriormente se determinaría el peso abstracto de la dignidad humana, que como se ha dicho es siempre superior a cualquier otro principio; y finalmente, nos referiremos a la certeza empírica y normativa de cómo intensa será tanto la afectación de la dignidad humana como del derecho fundamental a la educación.

Entender la ley de la ponderación así como su desarrollo, la fórmula del peso, es crucial en un panorama en el que la ponderación de principios corresponde no solo a jueces y magistrados sino a administraciones públicas, organismos de derecho privado que ejercen funciones públicas, e incluso particulares (empresas de desarrollos de inteligencia artificial) cuando llevan a cabo la autoevaluación *ex ante*[90]. La evaluación de impacto de sistemas de inteligencia artificial transforma

---

[90]   Mucho se habla de la necesaria formación tecnológica de juristas; si queremos una inteligencia artificial en el mundo normativo, el del derecho, es acuciante la formación jurídica de los tecnólogos. Esta tiende a ser reducida al conocimiento de las disposiciones legislativas y reglamentarias que regulan la inteligencia artificial; sin embargo, la irrupción de los derechos fundamentales exige una sólida formación teórica en la que aquellos involucrados en la aplicación de desarrollos

los derechos fundamentales en un elemento clave de responsabilidad compartida (Janssen, *et al.*, 2022, p. 201)[91] y convierte a la ponderación y la fórmula del peso en el método de resolución de conflictos integrados por principios, por lo que los operadores jurídicos llamados a interpretar y aplicar estos principios están compelidos por estas categorías (Arroyo Jiménez, 2009, p. 23)[92].

tecnológicos conozcan magnitudes como razonamiento práctico, derechos fundamentales, ponderación, y formula del peso.

[91] Un claro antecedente que sirve de inspiración en la gobernanza de la inteligencia artificial en Europa, es el Reglamento General de Protección de Datos que demanda, tanto a empresas como a organismos públicos, que se evalúen los riesgos sobre los derechos y libertades que pueda ocasionar el procesamiento de datos: la llamada Evaluación de Impacto de Protección de Datos. Con este instrumento se describe y evalúa la necesidad y proporcionalidad del procesamiento de datos que lleve a cabo la organización.

[92] Para Arroyo Jiménez (2009, p. 18) el principio de proporcionalidad y el método de ponderación se amplia a aquellos escenarios caracterizados por conflictos de principios, independientemente de que una autoridad pública limite un derecho o principio.

CAPÍTULO 4

DERECHOS FUNDAMENTALES
AFECTADOS POR LAS TECNOLOGÍAS EDUCATIVAS

TECNOLOGÍAS EDUCATIVAS SUJETAS A EVALUACIÓN DE IMPACTO SOBRE LOS DERECHOS FUNDAMENTALES

Según lo establecido en el RIA, el impacto sobre los derechos fundamentales se nos revela como un elemento trascendental para discernir el nivel de riesgo inherente a un desarrollo de inteligencia artificial (artículo 6.2 y Anexo III RIA). Adicionalmente, a los desplegadores (*deployers*) de sistemas de alto riesgo se les imponen la carga de someter el sistema de inteligencia artificial a una evaluación de impacto sobre derechos fundamentales (artículo 27 RIA).

Centrando la atención en el ámbito educativo y en el derecho a la educación (el principio iusfundamental a la educación, en la terminología acuñada por Garzón Valdés), el RIA valora la inserción de sistemas de inteligencia artificial en el entorno educativo como una herramienta para modernizar los sistemas formativos, elevar la calidad de la enseñanza tanto en modalidad presencial como virtual, y agilizar la propagación de la instrucción digital, haciéndola, en consecuencia, accesible a una población más amplia. Innumerables aplicaciones de sistemas de inteligencia artificial en la educación delinean una perspectiva de desarrollo en el ámbito de la educación personalizada y anticipan una incipiente concepción de la educación automatizada, tal y como ha quedado expuesta en el segundo capítulo de este libro.

De acuerdo con el RIA hay sistemas de inteligencia artificial que se utilizan en el ámbito educativo que son considerados *prima facie* de alto riesgo (artículo 6.2 y Anexo III RIA) y a los que se impone la obligada evaluación de impacto sobre los derechos fundamentales. En concreto, de acuerdo con el apartado 3 del Anexo III RIA, son sistemas de inteligencia artificial de alto riesgo las siguientes tecnologías educativas:

- Sistemas de inteligencia artificial destinados a ser utilizados para determinar el acceso o admisión o para asignar personas físicas a instituciones educativas en todos los niveles educativos incluida la formación profesional[93];
- Sistemas de inteligencia artificial destinados a ser utilizados para evaluar los resultados del aprendizaje, incluso cuando esos resultados se utilizan para orientar el proceso de aprendizaje de personas físicas en instituciones educativas en todos los niveles educativos y de formación profesional[94];
- Sistemas de inteligencia artificial destinados a ser utilizados con el fin de evaluar el nivel educativo apropiado que una persona física recibirá o podrá acceder, en el contexto de o dentro de instituciones educativas y de formación profesional;
- Sistemas de inteligencia artificial destinados a ser utilizados para vigilar y detectar comportamientos prohibidos de estudiantes durante pruebas en el contexto de o dentro de instituciones educativas y de formación profesional[95].

La justificación para que el RIA considere estos casos de uso como de alto riesgo y los incorpore al listado del Anexo III se basa en la disposición de tales sistemas de inteligencia artificial para influir en la trayectoria educativa y profesional de la vida de un individuo y, por lo tanto, para incidir en su desarrollo laboral y profesional.

En el contexto de las tecnologías educativas del apartado 3 del Anexo III RIA, resulta imperativo indagar sobre los peligros que pudieran acechar a los derechos fundamentales. Entre los derechos expuestos a verse afectados por las tecnologías educativas y que, consiguientemente, requieren de evaluación de riesgos sobre los derechos fundamentales, destacan singularmente el derecho a la educación y también el principio de no discriminación. Sin embargo, no se trata de los únicos ya que, como se argumentará, las tecnologías educativas también pueden afectar a la dignidad humana, al derecho a la privacidad y protección de datos, al derecho de la tutela judicial efectiva, al principio de autonomía, a la participación y al buen gobierno[96].

---

[93] Un ejemplo que se estudiará será la tecnología desarrollada por la Universidad de Austin para la admisión de estudiantes universitarios denominado GRADE y que fue finalmente abandonado por los sesgos inherentes que mostraba.

[94] La suspensión de la educación presencial y el cierre de colegios e institutos planteó retos a las autoridades administrativas más allá de la prestación del servicio educativo. En aquel escenario se debía resolver el problema de la evaluación de etapas educativas como el Bachillerato Internacional. La organización del Bachillerato Internacional accedió a aplicar un algoritmo predictivo de las calificaciones para los estudiantes de la ciudad de Oslo; el sistema fue fuertemente criticado porque arrojaba resultados discriminatorios y cercenaba posibilidades educativas de los alumnos.

[95] Se trata de herramientas de e-*proctoring* entre las más conocidas.

[96] HOLMES *et al.* (2022a) han realizado encuestas a expertos en tecnologías educativas para determinar las cuestiones éticas prioritarias en el ámbito de la ética de las tecnologías educativas.

Las afectaciones a los derechos fundamentales cuando se utiliza una tecnología educativa deben ser evaluadas a fin de establecer medidas de mitigación y reducción de riesgos (uno de los objetivos de la evaluación de impacto sobre los derechos fundamentales). Además, desde un punto de vista del derecho interno, este análisis también es relevante para el control de la actividad administrativa, en concreto, para determinar su validez o invalidez (nulidad de pleno derecho) por lesiones a los derechos y libertades susceptibles de amparo constitucional (artículo 47.1.a LPAC). La imbricación entre las evaluaciones de impacto sobre los derechos fundamentales y la nulidad de la actividad administrativa por lesionar los derechos fundamentales susceptibles de amparos deberá ser estudiada con detenimiento. El primer paso para ello es desgranar el elenco de principios iusfundamentales que se ven afectados por las tecnologías educativas.

DERECHO A LA EDUCACIÓN (ARTÍCULO 27 CE)

Si bien la inteligencia artificial goza del potencial para mejorar la educación y facilitar el acceso a recursos y herramientas innovadoras, es crucial asegurarse de que su implementación no erosione el derecho a la educación en su núcleo esencial.

Por un lado, las empresas de desarrollo tecnológico operan principalmente en los sectores educativos que son rentables desde una perspectiva económica. Esto implica que pueden ignorar o incluso abandonar aquellos ámbitos educativos que no generen ganancias significativas. Como resultado, los grupos más vulnerables de la sociedad podrían quedar excluidos de la educación o recibir una educación de menor calidad. Por otro lado, a los riesgos de ceñirse en exclusiva a una racionalidad economicista, se añaden los riesgos de la singular racionalidad del sistema técnico, alejada en lo sustancial de los presupuestos humanistas que contemplan la técnica como un conjunto de medios al servicio de los fines que se establecen (democráticamente). El sistema técnico se inspira por un espíritu diferente: «La técnica no se desarrolla en función de fines que hay que perseguir, sino en función de posibilidades de crecimiento ya existentes» (Ellul 1977, p. 280).

Por lo tanto, es fundamental ser consciente de estos riesgos y tomar medidas para salvaguardar el derecho universal a la educación y el sistema educativo (como

---

Mayoritariamente, los entrevistados señalaron a la protección de los datos (propiedad, privacidad, limitaciones, gestión, y trasparencia) junto con la calidad de la educación. Este asunto se refiere a las opciones pedagógicas que están inherentes en las tecnologías educativas, pero también a calidad de la educación que reciben ciertos grupos que pueden resultar víctimas de los sesgos inherentes en los datos que alimentan el algoritmo, o incluso en el mismo algoritmo.

un bien público). El derecho fundamental a la educación nos compele a abordar debates éticos[97] que la técnica orilla:

a) El debate sobre el propósito del aprendizaje, que se sustancia entre la preparación de los estudiantes para aprobar exámenes y ayudarles a afianzar sus conocimientos por ejemplo, preparar a los estudiantes para aprobar exámenes o ayudarles a actualizar sus conocimientos;

b) El debate sobre la elección de la pedagogía y el cuestionamiento de un enfoque común de la instrucción educativa por ejemplo, actualmente se cuestiona un enfoque común de la instrucción educativa;

c) El debate sobre el papel de la tecnología en relación con los profesores cuando se discute, por ejemplo, si reemplazar o complementar funciones humanas;

d) El debate sobre el acceso a la educación, a menudo planteado por la comunidad de manera más o menos exclusiva a través de la dimensión ética de la equidad y la justicia.

A modo de recapitulación, la inteligencia artificial altera el contexto del derecho a la educación y con ello el contenido de este derecho fundamental. La personalización del aprendizaje, la automatización de tareas, el análisis de datos educativos, los sistemas de tutoría personalizada, la evaluación y pruebas automatizadas, etc., transforman el contenido del derecho a la educación porque proporcionan nuevas oportunidades de aprendizaje personalizadas en el estudiante, más eficientes y accesibles a lo largo de la vida. Pero la irrupción de las nuevas tecnologías en la educación también genera riesgos: desigual acceso a la educación, discriminación basada en prácticas sesgadas, vulneración del derecho de protección de datos, o incluso vulneración de la dignidad humana. Las consecuencias del uso de sistemas de inteligencia artificial en la educación pueden no ser ni visibles, ni intencionadas, ni anticipadas (Pringle, *et al.*, 2016). Identificar tales riesgos, e identificar los nuevos contornos del derecho a la educación es parte del contenido de la evaluación de impacto del sistema de inteligencia artificial y una fase conceptual previa a la aplicación de cualquier fórmula de ponderación de principios.

Para determinar qué contenidos del principio iusfundamental a la educación pueden verse afectados por los sistemas de inteligencia artificial, podemos utilizar a modo de guía el mismo apartado 3 del Anexo III RIA y examinar el derecho a la educación desde los siguientes aspectos:

---

[97] Estas cuestiones, que se plantean desde la ética de las tecnologías educativas (Holmes, *et al.*, 2022a), generan debates éticos que finalmente tendrán su reflejo en la interpretación y configuración del derecho fundamental a la educación.

1. Acceso, admisión, y evaluación (para acceder a ulteriores etapas educativas).
2. Calidad y efectividad del servicio educativo prestado.
3. Educación a lo largo de la vida, de manera que la formación no queda reducida a las etapas de educación obligatoria, postobligatoria y terciaria (entre ella la universitaria) sino que nos debe acompañar como herramienta para adaptarnos a los contextos productivos y personales que tengamos.

Acceso, calidad, y educación a lo largo de la vida deben ser correctamente descritos con el fin de adelantar los posibles impactos sobre el derecho a la educación[98].

ACCESO Y EQUIDAD

DECISIONES SOBRE EL ACCESO A ETAPAS EDUCATIVAS

Como se avanzó algo más arriba, en el delicado contexto de la pandemia, en Inglaterra y en Oslo se implementaron tecnologías educativas de carácter controvertido con el propósito de establecer, sin necesidad de hacer efectivamente las pruebas, las calificaciones de ingreso a universidades en 2020[99] y las calificaciones finales del Bachillerato Internacional, respectivamente.

En el contexto inglés, debido al cierre de los institutos y la suspensión de la educación presencial durante la crisis de la COVID, los estudiantes no pudieron realizar las pruebas de acceso a la universidad (conocidos como *A-levels*). Como era necesario idear un sistema de acceso a la universidad, de forma excepcional se confió las decisiones a un sistema de inteligencia artificial cuyo algoritmo hacía predicciones sobre las calificaciones de admisión a la universidad. Las predicciones se hacían con los datos relativos a los resultados previamente obtenidos por los estudiantes ingleses. Apenas se aplicó el sistema de inteligencia artificial, sus sesgos afloraron: se asignaban mejores calificaciones a los estudiantes provenientes de institutos pequeños, privados y ubicados en barrios acomodados, mientras que a los estudiantes provenientes de institutos ubicados en entornos menos favorecidos, se les asignaron calificaciones inferiores dificultando así su acceso a los estudios universitarios.

---

[98] Los sistemas de inteligencia artificial utilizados en el ámbito educativo y que están destinados a vigilar y detectar comportamientos prohibidos durante las pruebas de o dentro de instituciones educativas y de formación profesional afectan principalmente el principio de la dignidad humana que será objeto de estudio en el siguiente apartado.

[99] Para comprender mejor este ejemplo, si se trasladara a España sería como si las calificaciones del EVAU fueran resultado de un algoritmo y no de los exámenes efectivamente hechos por los estudiantes.

Por otro lado, en Noruega, el título de Bachillerato Internacional (entre otros) permite el acceso a la educación universitaria. Pues bien, durante la pandemia, en Oslo, la Organización de Bachillerato Internacional no pudo llevar a cabo los exámenes de los estudiantes que finalizaban ese año dicha etapa educativa debido a la suspensión de las actividades educativas presenciales. Si los estudiantes no obtenían el título de bachillerato mediante el correspondiente examen, tampoco podían acceder a la universidad. De nuevo, la solución vino de la tecnología educativa empleada. En concreto, de un algoritmo que anticipaba las calificaciones finales del Bachillerato Internacional. Las predicciones se hacía a partir de las calificaciones de los estudiantes de años anteriores. Como en el caso inglés, el sesgo de los datos se trasladó a los resultados potencialmente discriminatorios para ciertos estudiantes.

Este tipo de casos de uso nos demuestra lo inmediato de la incidencia del uso de ciertas tecnologías sobre el derecho a la educación por lo que se refiere al acceso a etapas educativas, ya que en ambos casos, la calificación asignada al estudiante se determinaba mediante un algoritmo basado en las calificaciones institucionales, provocando la persistencia de desigualdades existentes (con calificaciones bajas para alumnos de entornos desfavorecidos y elevadas para instituciones de menor tamaño y recursos).

En una evaluación de impacto algorítmica sobre el derecho a la educación, por lo tanto, se debe incluir la valoración sobre el acceso a la educación (a los distintos niveles educativos) e identificar la potencial limitación de la capacidad de los estudiantes para acceder en igualdad de condiciones a las oportunidades educativas.

DECISIONES SOBRE ADMISIÓN

Como se mencionó anteriormente, las instituciones de educación superior han adoptado el uso de tecnologías educativas en diversos aspectos, incluida la admisión de estudiantes. No obstante, se han conocido casos en los que este tipo de tecnología ha tenido que ser abandonada debido a problemas relacionados con la vulneración del derecho a la educación y la persistencia de sesgos en las decisiones. Un ejemplo relevante es el sistema GRADE de la Universidad de Austin, que empleaba algoritmos de aprendizaje automático para recomendar la admisión o rechazo de candidatos, tomando en cuenta factores como calificaciones académicas, historial escolar y cartas de recomendación, entre otros. Sin embargo, este sistema fue abandonado en 2020 debido a sus sesgos intrínsecos, que se manifestaban al primar ciertos grupos demográficos específicos.

La experiencia de la Universidad de Austin con el sistema GRADE da buena cuenta de la importancia de considerar la igualdad y evitar la discriminación al implementar tecnologías educativas en los procesos de admisión. En primer lugar, es fundamental que los algoritmos y modelos de aprendizaje automático sean diseñados con el objetivo de minimizar y eliminar cualquier sesgo que pueda surgir en el proceso de selección. Además, las instituciones deben ser transparentes en cuanto al uso de tecnologías educativas en sus procesos de admisión. Es crucial que los candidatos estén informados sobre la utilización de estos sistemas y comprendan cómo se utilizarán sus datos en el proceso de toma de decisiones. Por otro lado, es imprescindible que las instituciones educativas tengan en cuenta la diversidad y singularidad de cada candidato. Por más importantes que sean los datos objetivos y singularmente las calificaciones académicas, no cabe ignorar otros factores que puedan enriquecer la evaluación, como habilidades extracurriculares, experiencias de vida y logros personales. De esta manera, se evitará que la reputación de una institución educativa se asocie con prácticas discriminatorias hacia ciertos grupos sociales, étnicos o raciales.

DECISIONES SOBRE EVALUACIÓN

Los sistemas de inteligencia artificial destinados a ser utilizados para evaluar los resultados del aprendizaje, incluso cuando esos resultados se utilizan para orientar el proceso de aprendizaje de los estudiantes están incluidos en el Anexo III RIA, de manera que estarán sujetas a evaluación de impacto sobre los derechos fundamentales. Hay países europeos donde el tránsito de una etapa educativa a otra viene determinado por una evaluación externa. No es el caso de España donde las instituciones de enseñanza (colegios e institutos) son también las instituciones de acreditación de los niveles educativos, por lo que el paso de la Educación Secundaria Obligatoria a etapas postobligatorias (Bachillerato o Formación Profesional de Grado Medio) depende de que se obtenga el Título de Graduado en ESO. Para acceder a los estudios universitarios, es necesario obtener el título de Bachillerato (art. 37 LOE), exento de evaluación externa, así como superar la prueba de acceso a la universidad (art. 38 LOE), configurada, esta sí, como prueba externa.

La utilización de tecnologías educativas, y en concreto de sistemas de evaluación de estudiantes, en pruebas tanto externas como internas al centro educativo (incluida la universidad o las aulas de educación de adultos), han surgido con el objetivo de ahorrar tiempo al docente y a la organización académica (reduciendo costes). Sin embargo, diversos estudios indican que la inteligencia artificial no es capaz de alcanzar una capacidad de interpretación ni de análisis análoga al de un profesor (Holmes, *et al.*, 2022b; Holmes, *et al.*, 2022a) lo que nos previene de su utilización en el aula.

En Australia, la prueba externa NAPLAN evalúa a los estudiantes en los cursos 3, 5, 7 y 9, abarcando áreas como lectura, escritura, convenciones lingüísticas (deletrear, gramática y puntuación), y matemáticas. Parte de esta prueba externa consiste en tests de respuestas múltiples que se corrigen automáticamente. Es más, se utiliza la inteligencia artificial para personalizar las pruebas de manera que las preguntas se adaptan a las respuestas de los estudiantes en tiempo real[100]. Pues bien, en un momento dado, se planteó la posibilidad de automatizar la corrección de la parte del ejercicio de escritura, enseñando a la máquina a valorar ciertas características de la escritura, incluyendo la puntuación de la gramática y la sintaxis. Inicialmente, los ensayos de los estudiantes eran corregidos tanto por el algoritmo como por docentes, con la finalidad volcar las evaluaciones de los docentes en el sistema y enriquecer su aprendizaje con más datos. No obstante, se observó pronto que la corrección automatizada socavaba la creatividad de los estudiantes, en perjuicio del uso y el aprendizaje de la lengua. En consecuencia, las autoridades finalmente abandonaron la idea de la corrección automatizada de redacciones y escritos por NAPLAN[101].

Adicionalmente, un riesgo que presentan los sistemas de evaluación externa es el conocido como *gaming the system*, o manipulación del sistema: los docentes preparan a los mejores estudiantes para superar la prueba, de manera que se dedican más recursos a quienes parece que pueden aprobar. Los resultados de la evaluación no dependen de la habilidad de los examinandos sino de los recursos invertidos en ellos para superar la evaluación. De esta manera, los datos de éxito o fracaso en una prueba de evaluación no denotan la capacidad de los estudiantes ni su esfuerzo, sino la inversión que se ha hecho en ellos (tiempo del docente dedicado a su instrucción, recursos pedagógicos suplementarios, o itinerarios personalizados). Por este motivo, cuando se utilizan sistemas de inteligencia artificial se acentúa el impacto en la equidad de las decisiones de evaluación porque los datos que se utilizan para «entrenar» el algoritmo ya están sesgados (dañados) desde el origen dado que no reflejan el comportamiento de los estudiantes, sino las expectativas que sobre ellos tuvieron los docentes o los equipos de dirección (Berendt, *et al.*, 2020).

---

[100] En varios puntos, la prueba es diferente para los estudiantes ya que plantea itinerarios de evaluación con preguntas que son más o menos difíciles según las respuestas previas del estudiante. El resultado de la evaluación de un estudiante por NAPLAN se basa tanto en la cantidad como en la dificultad de las preguntas que el estudiante responde correctamente. Un estudiante que completa un camino más complejo tiene más probabilidades de lograr un resultado más alto que un estudiante que responde correctamente la misma cantidad de preguntas pero sigue un camino menos complejo.

[101] Puede consultarse la noticia de redactada por J. Hendry sobre las decisiones del gobierno australiano en la herramienta NAPLAN en: https://www.itnews.com.au/news/govts-dump-naplan-robo-marking-plans-482044

ACCESO EQUITATIVO

Las tecnologías educativas pueden tener un impacto positivo en la democratización de la educación a nivel mundial: la inteligencia artificial puede utilizarse para acumular recursos educativos de calidad a gran escala, romper barreras lingüísticas mediante la creación de traducciones/transcripciones interlingüísticas, generar anotaciones sobre temas o materiales audiovisuales interactivos que estén depositados en cualquier parte del mundo, entre otros. Sin embargo, si no están diseñadas de manera adecuada, si en su construcción no se ha contado con la participación de las comunidades a las que sirven, y si no garantiza el acceso a estas tecnologías, entonces su irrupción en la educación agravará las desigualdades que ya existen en el mundo (Bulathwela, *et al.*, 2021). En una sociedad tecnológica como la nuestra, quien tenga acceso a la tecnología estará en mejor posición que el resto; quien comparta el acervo social concomitante con los recursos y desarrollos de tecnología educativa, estará en mejor posición para beneficiarse de ellos. Si la lengua en que se expresa la informática es el inglés, parece natural que los anglófonos gocen de ciertas ventajas en su acceso a tal tecnología.

El acceso equitativo a las tecnologías educativas es especialmente importante en el caso de que las autoridades educativas introduzcan una concreta tecnología educativa (sistema de tutorización inteligente o *chatbot*, por ejemplo) en alguna de las etapas educativas, o bien cuando un centro educativo exija de sus estudiantes (así como de los profesores o padres) una determinada tecnología educativa para la instrucción.

El derecho a la educación como estándar de evaluación de impacto exige, por lo tanto, un acceso a la tecnología educativa sin impedimentos, precisamente porque las desigualdades en el acceso constituyen la mayor fuente de desigualdad de la educación (Holstein y Doroudi, 2023). Entre las dificultades de acceso se cuentan la baja conectividad, la pertenencia a una minoría lingüística[102], la ajenidad de los contenidos con respecto al propio contexto cultural[103], o el desigual nivel de educación digital de estudiantes y docentes.

---

[102] Finkelstein *et al.* (2019) demostraron que los estudiantes afro-americanos adquirirían un mejor razonamiento científico cuando el avatar virtual que les asistía hablaba en inglés vernáculo afro-americano.

[103] La equidad en el acceso a las tecnologías educativas exige que en su diseño se haya contado con la participación de la comunidad educativa a la que sirve. No debemos olvidar que se trata de sistemas socio-técnicos destinados a desplegarse en un contexto cultural y axiológico concreto, en contextos pedagógicos plurales, en modelos de negocios determinados y en sistemas institucionales diversos.

CALIDAD Y EFECTIVIDAD

En el caso de tecnologías educativas orientadas al proceso de aprendizaje (*learner-supporting AI*), la dependencia tecnológica a la hora de acceder a la educación puede llegar a vulnerar los derechos de los estudiantes. En un típico ejemplo de trampa del solucionismo, el uso de sistemas de inteligencia artificial en la educación (sistemas inteligentes de tutorización, por ejemplo) en la España vaciada, pueden solucionar el problema de falta de profesorado cualificado y experimentado, de manera que los estudiantes aprenden de forma independiente del docente, o incluso en ausencia de él; sin embargo, a la larga, estas tecnologías no solucionan el problema de la falta de profesorado, ni facilitan las condiciones para que los estudiantes accedan a la educación de calidad y aprendan en contextos socio-culturales plurales (Holmes, *et al.*, 2022a).

Otro interrogante que surge en torno al derecho a la educación se refiere al riesgo real de que la calidad de la educación pudiera verse comprometida si se favorece la utilización de tecnologías educativas a estudiantes que podrían obtener mejores resultados si se prescinde de ellas. Si los estudiantes pertenecen a grupos marginados o que no están suficientemente representados o integrados, es posible que la tecnología haya ignorado sus circunstancias específicas de aprendizaje. La personalización de los sistemas de inteligencia artificial en el ámbito de la educación fracasaría puesto que no están identificados como modelos de discentes (no se puede personalizar la educación si el modelo de estudiante no existe) y, finalmente, los estudiantes se verían privados de oportunidades equitativas de aprendizaje.

Holmes, *et al.*, (2022a) agregan otra objeción de naturaleza ética a la aplicación uniforme de ciertas modalidades de instrucción a estudiantes con diferentes niveles de preparación, porque puede arrojar resultados dispares. Esta disparidad plantea la pregunta acerca de si es pertinente considerar inmoral una intervención educativa que, aparentemente, agrava la desigualdad, máxime cuando es tan necesario priorizar proyectos que beneficien directamente a estudiantes con discapacidad para alcanzar así una educación inclusiva y equitativa. En última instancia, si bien el uso de tecnologías educativas pueden ofrecer ventajas en términos de accesibilidad y personalización, no deja de provocar dudas e inquietud en torno a las desventajas que ciertos grupos de estudiantes puedan sufrir al contraste con enfoques más tradicionales. Ello vulneraría, en definitiva, el derecho a la educación.

Tampoco hay consenso en torno a la idea de que la utilización de tecnologías educativas contribuya a la calidad y efectividad de la educación[104]. Zawacky-

---

[104] Véase Davies, *et al.*, 2020; OCDE, 2021; Seldon y Abidoye, 2021; Tuomi, 2018; Holmes, *et al.*, 2022a.

Richter, *et al.*, (2019, p. 1) constatan lo controvertido del uso de la inteligencia artificial en el ámbito educativo y lo inconcluso de su justificación en los términos siguientes:

> Artificial Intelligence in Education (AIED) is one of the currently emerging fields in educational technology. Whilst it has been around for about 30 years, it is still unclear for educators how to make pedagogical advantage of it on a broader scale, and how it can actually impact meaningfully on teaching and learning.

Efectivamente, no debemos olvidar que estas tecnologías son comúnmente empleadas en instituciones educativas que atienden a una población estudiantil perteneciente a estratos socioeconómicos medio-altos. Esta circunstancia agrega un nivel adicional de complejidad a la fundamentación de su integración en el entorno pedagógico, más allá de su finalidad mercantil de comercialización de las tecnologías educativas, respaldada por la promesa de rendimientos superiores y ganancias económicas sustanciales.

APRENDIZAJE A LO LARGO DE LA VIDA

Como se ha mencionado, la transición hacia la educación basada en competencias conlleva transformaciones notables en la configuración de los planes de estudio y la evaluación del aprendizaje. Especial atención merecen entre tales transformaciones, la primacía que adquieren las habilidades prácticas y la aplicación de conocimientos en contextos reales. La educación formal se erige en este contexto como pilar fundamental para dotar a los ciudadanos de las competencias básicas y esenciales para poder aprender a lo largo de la vida definiendo los recorridos educativos de acuerdo con las demandas del mercado laboral y las opciones personales de cada cual. Surgen así programas educativos a la carta, microcréditos, MOOCs, acreditaciones de competencias, etc.

Este escenario es adecuado para la expansión de las tecnologías educativas sobre todo en el ámbito de la educación personalizada e incluso de la educación automatizada. Gracias a ellas, los usuarios pueden adquirir los conocimientos, capacidades y competencias que necesiten en cursos ofrecidos a su medida, puesto que los sistemas de inteligencia artificial habrán creado previamente un perfil de estudiante a partir de los datos sobre estudios precedentes y experiencia profesional anterior.

Una herramienta que se hace necesaria en el entorno del aprendizaje permanente es el recurso a las tecnologías de *blockchain* orientada a la creación de e-portfolios. En franco contraste con los certificados educativos tradicionales, los e-portfolios educativos, permiten recoger en un solo instrumento la información sobre los logros formativos. Singularmente, con las tecnologías *blockchain* se puede recopilar y analizar datos relacionados con los logros distribuidos en distintos lugares (el puesto de trabajo, un foro en línea o las redes sociales), en lugar de estar sujetos a una única institución educativa o sistema de aprendizaje como fuente única de información. Además, las tecnologías *blockchain* son una forma de garantizar la autenticidad de los datos almacenados en los e-portfolios, de manera que un *blockchain* es un «registro distribuido» de actividades en línea o eventos digitales, que cuenta con un método de consenso para certificar si un nuevo «bloque» es legítimo (Sharples y Domingue, 2016). Este sistema permite la creación de un registro permanente y descentralizado del esfuerzo intelectual y el reconocimiento[105].

A pesar de los potenciales beneficios que derivan del empleo de e-portfolios y tecnologías *blockchain*, no cabe ignorar una serie de riesgos que requieren una evaluación cuidadosa (Berendt, *et al.*, 2020) puesto que podrían afectar los derechos fundamentales. Uno de los riesgos detectados afecta específicamente a la validez de los datos recopilados y a cómo los empleadores interpretan los registros de logros una vez desprendidos de su contexto. Después de todo, son diversas las circunstancias que pueden dar lugar a un descenso abrupto en el rendimiento de un individuo (enfermedad de un familiar, cuidado de hijos, etc.), por lo que resulta necesario contar con información relativa al contexto para poder así interpretar correctamente los datos de bajo rendimiento. Pese a lo razonable de esta constatación, la mayoría de los sistemas analíticos no toman en consideración el contexto personal del individuo, ni los condicionamientos que pudieran intervenir en las elecciones de aprendizaje que hubieran hecho (Morozov, 2014).

Otro riesgo relevante está relacionado el derecho a la privacidad y la protección de datos (Berendt, *et al.*, 2020). En esta línea, en la evaluación de impacto sobre los derechos fundamentales de los sistemas de inteligencia artificial en el ámbito de e-portfolios se deberá observar si se facilitan a los estudiantes herramientas para que puedan ejercer control sobre sus propios datos y determinar si desean que todos los registros de logros a lo largo de su vida sean incorporados al e-portfolio. Esta medida de contención de riesgo será necesaria puesto que, todo parece indicar que aquellos que cuenten con menos recursos serán más propensos a carecer del apoyo necesario a la hora de tomar decisiones sobre cómo incluir (o excluir) sus datos en el sistema.

---

[105] Un argumento fundamental radica en la capacidad de la tecnología *blockchain* de «democratizar» la educación al ampliar el acceso a los registros de logros más allá de las formas convencionales de certificación, permitiendo a los empleadores acceder a una amplia gama de logros (Kaplan y García, 2019).

Finalmente, los e-portfolios educativos ofrecen la ventaja de centralizar todas las certificaciones educativas y formativas junto con el resto de información adicional de carácter contextual (si así son diseñados), lo cual facilita un análisis conjunto y detallado de los datos. Sin embargo, conviene señalar que la acumulación a largo plazo de datos puede desencadenar un proceso de vigilancia, que puede llegar a resultar perjudicial en la medida en que sobreexplote la conexión entre los estudiantes y los registros detallados de datos a lo largo de su vida. No solo el derecho a la educación o la protección de datos se ve comprometida (y por lo tanto el impacto deber ser evaluado) sino que la dignidad humana puede resultar afectada.

LA DIGNIDAD HUMANA (ARTÍCULO 10.1 CE)

El concepto de dignidad humana es altamente complejo porque conecta elementos empíricos y otros evaluativos o normativos; por este motivo el filósofo alemán Robert Alexy lo caracteriza como *concepto puente* (Alexy, 2014, p. 17) entre lo empírico y lo normativo. El elemento empírico corresponde a la autonomía y más ampliamente, a la persona[106]. El enunciado «Todas las personas poseen dignidad humana» parece un enunciado descriptivo que requiere justificación. Para Alexy, la justificación radica en vincular el concepto de dignidad humana a conceptos normativos (de obligación y de derechos). El resultado es el enunciado «Toda persona que posee dignidad humana tiene el derecho a ser tomado en serio como persona». Le sigue, según Alexy, la verdad analítica de que para que el individuo pueda ser tomado en serio como persona, es necesario otorgarle derechos. De ahí el enunciado «Todos los individuos que posean dignidad humana poseen derechos humanos» (Alexy, 2014, p. 20). La dignidad humana es, por lo tanto, el fundamento de la atribución de derechos fundamentales, la piedra sobre la que se construye la teoría de los derechos fundamentales moderna.

Robert Alexy distingue dos concepciones de dignidad humana enfrentadas: una absoluta y otra relativa (2014, p. 10). De acuerdo con la primera, la dignidad humana goza de prioridad sobre todas las demás normas en todos los casos, de manera que la ponderación, en el caso de que sea vulnerada, está excluida. En otras palabras, no hay afectaciones justificadas o injustificadas de la dignidad humana: «todas y cada una de las afectaciones de la dignidad humana son una vulneración de la dignidad humana» (Alexy, 2014, p. 10). Por otro lado, de acuerdo con la

---

[106] La tesis principal de Robert Alexy en relación con el concepto de persona es la estructura doble-triádica que puede consultarse ampliamente en la obra «Data y los derechos humanos. Mente positrónica y concepto dobletriádico de persona» (ALEXY, 2007, pp. 94-100).

concepción relativa, la vulneración de la dignidad humana es una cuestión de proporcionalidad, es decir, que hay vulneraciones justificadas y otras injustificadas. La distinción entre reglas y principios, a la que se ha aludido anteriormente, es relevante aquí ya que la construcción de la dignidad humana como regla implica la concepción absoluta mientras que la dignidad humana como principio es compatible con la concepción relativa de la dignidad humana.

Estas distinciones (concepción absoluta/relativa de la dignidad humana y reglas/principios) pudieran ser consideradas una mera cuestión teórica; sin embargo el filósofo alemán detecta inconsistencias en la jurisprudencia del Tribunal Constitucional Federal alemán, que unas veces se confía a una concepción absoluta de la dignidad humana mientras que otras se inclina por la concepción relativa. También el Derecho Europeo adolece de esta inconsistencia en la conceptualización de la dignidad humana. El artículo 1.1 de la Carta de Derechos Fundamentales de la Unión Europea dice que «La dignidad humana es inviolable». Si tenemos que interpretar los derechos fundamentales a la luz de este texto normativo, parece que la dignidad humana debe ser concebida como regla y no como principio, de manera que se excluye la ponderación, puesto que toda afectación de la dignidad humana constituiría una vulneración completa de la dignidad humana. ¿Puede el Derecho europeo concebir la dignidad humana simultáneamente como regla y como principio? ¿Es posible abrazar una concepción absoluta y una concepción relativa de la dignidad humana de manera que excluyamos y abracemos la ponderación de forma simultánea?

Para resolver estos interrogantes, Alexy recurre a Niels Teifke para quien la regla de la dignidad humana no tiene significación independiente (Teifke, 2011, p. 119) ya que el nivel de la regla depende completamente del contenido en el nivel del principio. ¿Puede concebirse la dignidad humana como regla? La respuesta es afirmativa, pero se trata de una regla vacía, dependiente del nivel de principios en que se ubica. Por lo tanto, solo la concepción relativa de dignidad humana y su conceptualización como principio es la correcta[107].

La distinción entre la concepción absoluta y la concepción relativa de la dignidad humana también tiene relevancia práctica en la evaluación de impactos en los derechos fundamentales exigida a desplegadores de estos sistemas en el ámbito

---

[107] PRESNO LINERA considera la dignidad como un mínimo invulnerable, mientras que concibe el desarrollo de la personalidad como un principio de maximización de derechos (2022, p. 104). Sin embargo, el concepto absoluto (aunque sea respecto a ese mínimo inviolable) es incompatible con la ponderación; se puede añadir que su formulación como regla (no como principio) es vacía, puesto que necesitaremos interpretarla, dotarla de sentido, para lo que se acudirá al peso de los principios que evoca.

de la educación. Tomemos el ejemplo proporcionado por Jing y Soo (2019). Los autores analizan un sistema de inteligencia artificial que las autoridades gubernamentales chinas utilizan en algunas aulas y que consiste en la recopilación masiva de datos biométricos, conductuales y académicos de los estudiantes (menores de edad). Éstos asisten a clase tocados con gorros provistos con electrodos que detectan su actividad cerebral. Cuando el niño se coloca el gorro, una luz roja se ilumina si está concentrado, mientras que se ilumina una luz azul si el alumno está distraído. Los profesores pueden vigilar quién anda despistado o no está concentrado en clase, para así corregir inmediatamente tal comportamiento. Además, el algoritmo extrae correlaciones entre el nivel de concentración y los resultados que obtienen los niños en las evaluaciones.

No voy a entrar a valorar qué concepción de dignidad humana utilizarían las autoridades chinas para evaluar este sistema tecnológico (desde luego la concepción absoluta parece ajena a todo razonamiento al respecto); sí quisiera defender la idea de que, incluso en casos extremos de afectación de la dignidad humana, debemos posicionarnos a favor de una concepción relativa por ser la única compatible con la ponderación. ¿Resultan justificadas/injustificadas la vulneración de la dignidad humana que causa un sistema de vigilancia de menores de edad cuando están en clase aprendiendo? Responder a esta cuestión equivale a apelar a la ponderación o juicio de proporcionalidad entre principios que colisionan entre sí, a saber: la dignidad humana, los fines de la acción gubernamental, la eficacia de la actuación pública, principio iusfundamental a la educación, la protección de menores, y la protección de datos, entre otros. A la hora de ponderar, hay que asignar un valor a las diferentes afectaciones de los principios involucrados. Por ejemplo, la afectación de la dignidad humana es más intensa si a los padres de los niños se les cercena la autonomía para decidir no participar en el sistema de monitorización, y sería menos intensa si se previera un sistema de *opt-out*[108]. El peso de la dignidad humana (el valor de su afectación) también puede variar si se pondera junto a los fines que persigue la actuación gubernamental —mejora de la eficacia del servicio de educativo, o uso eficiente de los (escasos) recursos en educación. Asimismo, la afectación de la dignidad humana sería más grave si el gobierno recibiera los datos no anonimizados y los usara sin restricciones (tal y como se hace por parte del gobierno chino, por cierto). Conversamente, la afectación sería menos grave si se mejora el derecho a la educación a través de una

---

[108] Incluso cuando se habilita un sistema de *opt-out* la presión social a la que se ven sujetos puede forzar su consentimiento. Los padres pueden pensar que facilitar los datos recabados va en el mejor interés del estudiante y que recibirá más y mejor apoyo de las instituciones educativas y del gobierno.

atención personalizada y adaptada a las necesidades del estudiante. En conclusión, la dignidad humana participa del juicio de ponderación puesto que es concebida como un principio y no una regla[109].

En Europa, el Anexo III RIA identifica como de alto riesgo las tecnologías educativas que sirven para vigilar y detectar comportamientos prohibidos a los estudiantes durante los exámenes y pruebas en un contexto muy amplio, pues se refiere a pruebas de instituciones educativas o dentro de instituciones educativas. Este tipo de tecnologías están basadas en la recopilación masiva de datos, no solo relacionados con la actuación educativa sino con el hecho de que el estudiante se muestre distraído, desvíe la mirada del examen o de la pantalla con la que está trabajando, detecte los movimientos de labios o del cuerpo, entre otros muchos. De hecho, en una única sesión de observación de cómo interactúa un niño con la inteligencia artificial o con una tecnología educativa, se pueden generar del orden de 5 a 10 millones de datos por estudiante (Hwang, *et al.*, 2020). Estos datos son denominados «huellas digitales del estudiante» (*learner's digital traces*). Como las tecnologías de vigilancia en entornos educativos son de alto riesgo (están incluidas en el Anexo III RIA), quedan sometidas a la evaluación de impacto sobre los derechos fundamentales. En la ponderación de los principios involucrados, la afectación de la dignidad humana tendrá un valor mayor o menor según el grado (más o menos intenso) de su la afectación. Además, nos recuerda Alexy que el peso en abstracto del principio de dignidad humana recibe mayor valor (Alexy, 2014, p. 21) que otros principios como los de mérito y capacidad.

Finalmente, no debe entenderse el artículo 5 RIA, donde se enumeran las tecnologías prohibidas en la Unión Europea, como una manifestación de la dignidad humana concebida como regla y por lo tanto de la concepción absoluta de la dignidad humana. Es cierto que las tecnologías que este precepto prohíbe[110] pueden ocasionar afectaciones de la dignidad humana intolerables; pero esto significa que

---

[109]   La distinción entre reglas y principios está en la base de la teoría de los principios. Las reglas son normas que exigen algo de manera definitiva, son mandatos definitivos (Alexy, 2014, p. 13) y su forma de aplicación es la subsunción. Por otro lado, los principios son mandatos de optimización. Los principios, considerados de forma aislada, son mandatos prima facie; determinar el grado adecuado de satisfacción de un principio en relación con las exigencias de otros se alcanza mediante la ponderación (ALEXY, 2014, p. 13).

[110]   Vigilancia indiscriminada aplicada de forma generalizada a todas las personas físicas sin distinción, aplicaciones de código social, y sistemas de identificación biométrica en espacios públicos. El Parlamento ha incorporado en sus trílogos otros caso de uso prohibidos como las evaluaciones predictivas de riesgo criminal de individuos, la creación o expansión de bases de datos de reconocimiento facial mediante la recopilación de imágenes de internet o cámaras de circuito cerrado, y la inferencia de emociones.

el juicio de ponderación de principios es elaborado por el legislador (operador jurídico) quien considera qué grado de afectación de la dignidad humana (entre otros principios) es injustificable.

DERECHO A NO SER DISCRIMINADO (ARTÍCULO 14 CE)

La narrativa en torno a las tecnologías educativas ha resaltado tanto sus promesas de éxito y calidad en la educación como sus riesgos potenciales, entre éstos, especial atención merece la posibilidad de que tales tecnologías agraven la desigualdad y la discriminación en el ámbito educativo. Ya se ha analizado el riesgo de discriminación en relación con el acceso a las tecnologías educativas tanto desde el punto de vista de los requisitos tecnológicos (dispositivos, acceso a internet, acceso a las herramientas) como desde el punto de vista de los niveles de educación digital, o la adecuación de las tecnologías al contexto social, cultural, y axiológico en el que operará.

Conviene ahora apuntar otros riesgos de discriminación que puedan ocasionar las tecnologías educativas. Para comenzar, las tecnologías educativas que emplean enfoques de aprendizaje personalizado a menudo se basan en la creación de perfiles individuales de estudiantes. Y si bien esto puede mejorar la eficiencia en el proceso de análisis-diagnóstico-acción, también puede degenerar y causar discriminación. Singularmente la identificación de dificultades de aprendizaje o necesidades educativas especiales sin la supervisión de profesionales cualificados podría llevar a categorizaciones erróneas y segregación injusta. Un ejemplo ilustrativo de este riesgo es la detección automatizada de discapacidades de lectura sin la validación de expertos en el campo, lo que podría excluir a estudiantes con necesidades reales y reforzar prejuicios subyacentes.

La calidad de los datos utilizados para *entrenar* algoritmos de tecnologías educativas es un aspecto crítico y estrechamente relacionado con el principio de no discriminación al que se ha hecho referencia antes. Si los datos reflejan sesgos inherentes, como prejuicios raciales o de género, las tecnologías pueden reproducir y amplificar estas desigualdades. La creación de perfiles estudiantiles basados en datos parciales y de contextos sociales pretéritos aumenta la probabilidad de incorporar sesgos en el sistema educativo. Incluso los diseñadores de estas herramientas pueden introducir sesgos involuntarios debido a su afiliación a ciertos grupos sociales, lo que limita su capacidad para atender a las necesidades de personas marginadas (Holstein y Doroudi, 2022). Por ejemplo, si las herramientas educativas se diseñan en su mayoría por individuos de un grupo socioeconómico privilegiado, es probable que pasen por alto las dificultades que afrontan los estudiantes de entornos desfavorecidos.

El riesgo de discriminación derivado del recurso a las tecnologías educativas se extiende más allá de la participación en el desarrollo tecnológico, influyendo sobre la utilización efectiva de tales herramientas. La comprensión y competencia de estas herramientas (de la inteligencia artificial en general) varían entre individuos y grupos, lo que puede generar desigualdades en su uso. Este fenómeno refleja una dinámica en la que ciertos grupos con mayor familiaridad con la inteligencia artificial se benefician plenamente de las herramientas educativas, mientras que otros quedan marginados. Un ejemplo destacado es la capacidad para aprovechar plenamente las plataformas de aprendizaje en línea, donde aquellos que cuentan con menos experiencia en el uso de la tecnología pueden quedar excluidos de oportunidades educativas significativas (Hernández-Leo, 2022, p. 73).

En fin, las tecnologías educativas presentan una serie de riesgos de discriminación que deben ser objeto de la evaluación de impacto sobre los derechos fundamentales. A pesar de sus ventajas, estas tecnologías pueden exacerbar desigualdades preexistentes si no se abordan con precaución y se establecen medidas de corrección y mitigación. La creación de perfiles estudiantiles, el sesgo de datos y la brecha de inteligencia artificial pueden contribuir a la discriminación en la educación. Reducir estos riesgos requerirá una combinación de prácticas de diseño ético, formación digital y supervisión para garantizar que las tecnologías educativas sean verdaderamente inclusivas y proporcionen un acceso equitativo a una educación de calidad para todos.

DERECHO A LA INTIMIDAD Y A LA PROTECCIÓN DE DATOS (ARTÍCULO 18.4 CE)

Las tecnologías educativas basadas en datos surgieron hacen más de 30 años, sin embargo, en la última década han dado el salto a entornos comerciales de manera que hoy en día podemos encontrar compañías multimillonarias de inteligencia artificial en educación. La mejor valorada mundialmente es BYJU'S, una empresa con sede en India con más de 40 millones de usuarios, y una valoración económica que supera los 16.500 millones de dólares. Ofrece cursos en línea y materiales para la preparación de exámenes nacionales e internacionales. Otras empresas tienen su sede en China (Yuanfudao, Zuoyebang, VIPKID) y en EE. UU. como Chegg Inc., Bright Horizons Family Solutions Inc., Duolingo (para el aprendizaje de idiomas), o Articulate, entre otras[111].

---

[111]   China, India y Estados Unidos son los países en los que más intensamente crece la industria de las tecnologías educativas (Vincent-Lancrin y van der Vlies, 2020).

El salto de los laboratorios de las universidades al mercado de productos comerciales tiene un impacto inmediato sobre los usuarios (niños, jóvenes y adultos) por varias razones. En primer lugar, porque la prioridad de una empresa de tecnología educativa es obtener beneficios, por más que sea a cambio de procurar *mucho más que la* formación a sus usuarios. Dicho de otro modo: el producto es prioritario sobre el servicio. En segundo lugar, la comercialización tiene un impacto considerable sobre niños, jóvenes y adultos, porque estas empresas recogen datos de cómo sus clientes usan las tecnologías, muchas veces sin su consentimiento (Holmes, *et al.* 2022a, p. 25), que luego les generan beneficios en la floreciente industria de las tecnologías de publicidad.

Human Rights Watch publicó en 2022 el informe *¿Cómo se atreven a husmear en mi vida privada?* en el que denunciaba las violaciones de los derechos de niños y adolescentes por parte de gobiernos, que avalaron el uso de tecnologías de aprendizaje (fundamentalmente aplicaciones y páginas web) durante la pandemia, cuando la educación pasó a ser online de la noche a la mañana.

Human Rights Watch comprobó que las tecnologías educativas recababan datos relevantes para el proceso de aprendizaje, como, por ejemplo, el tiempo empleado para terminar una tarea, los errores cometidos, la motivación en el aprendizaje, las dificultades de lectura, el trabajo colaborativo, etc. También recaban datos que no están relacionados con la educación, como el lugar donde usan estas tecnologías, el rastreo de las búsquedas en internet, las apps utilizadas, el tiempo empleado en cada una de ellas, o los hábitos de lectura o de juego; incluso pueden llegar a tener acceso a los contactos del estudiante (sin su conocimiento, ni, por supuesto, su consentimiento o asentimiento). Las empresas de tecnologías educativas pueden vender estos valiosos datos a empresas de tecnologías de publicidad (AdTech) que elaborarán contenidos personalizados para los estudiantes y les ofrecerán incluso publicidad conductual. Se logra ser más eficaz en la publicidad, porque se han creado perfiles para los usuarios (los niños y jóvenes) y, por supuesto, se acaba influyendo en sus decisiones (más allá de las preferencias de consumo de los niños y jóvenes).

En el contexto de la COVID, cuando el uso de estas tecnologías de aprendizaje vino avalado por las administraciones públicas (denuncia Human Rights Watch) porque vieron en las tecnologías educativas la solución a la interrupción de la educación presencial, serán las administraciones públicas las responsables de la vulneración del derecho a la privacidad. En el contexto post-COVID, si las administraciones públicas fomentan y amparan la utilización de las tecnologías educativas en el sistema educativo, entonces se tiene que garantizar el respeto de los derechos de niños, jóvenes y adultos, y entre estos derechos, el derecho a la educación y el derecho a la privacidad. Además, debe imponerse la prohibición de publicidad conductual, así como la prohibición de creación de perfiles de usuarios. En fin, la implicación de las administraciones educativas en el uso de las tecnologías de aprendizaje en el aula significa que su financiación no puede lograrse con los datos personales de los estudiantes.

La legislación existente en protección de datos no protege adecuadamente a los niños de las tecnologías a la hora de recoger una variedad de datos tal, que incluyen desde el movimiento de sus ojos, hasta la velocidad de respuesta o sus emociones y que resultan crecientemente invasivos y graves, a pesar de ser datos biométricos o pudieran parecer de menor gravedad. En el contexto de las tecnologías educativas, hallamos prácticas en la recuperación de datos, que incumplen gravemente la normativa de protección de datos pese a cierta apariencia de inocuidad (Holmes, *et al.*, 2022a, p. 55). Por ilustrarlo con un ejemplo, en el caso de la vigilancia de la clase, hay sistemas de inteligencia artificial que detectan la dirección de las miradas de los estudiantes y sus expresiones faciales y pareciera que nada habría que objetar, puesto que, al fin y al cabo, también el profesor observa a sus estudiantes para obtener información sobre el seguimiento de la explicación o la necesidad de cambiar de estrategia pedagógica. La pregunta surge con cierta naturalidad: ¿acaso no se le debiera entonces permitir a un sistema de inteligencia artificial hacer lo mismo? Para responder, es necesario atender a una diferencia fundamental, que radica en el hecho de que la herramienta de tecnología educativa ha sido desarrollada por una empresa comercial que retiene los datos, los analiza automáticamente, los puede compartir con terceros e incluso puede compararlos con otros de miles de estudiantes y aulas para seguir mejorando e innovando en las herramientas desarrolladas.

En el contexto educativo brasileño, se experimentó con el innovador proyecto «Aula 2.0» como experiencia piloto en el Estado de Sao Paulo durante el año 2018. Este proyecto pionero se valía de un sistema de inteligencia artificial destinado a supervisar y evaluar en tiempo real el rendimiento de los profesores. Los algoritmos desempeñaban un papel esencial al analizar las interacciones entre los educadores y los estudiantes, ofreciendo retroalimentación de manera instantánea. No obstante, a pesar de sus objetivos ambiciosos, el proyecto generó una notable controversia. Los profesores manifestaron sentirse vigilados y expresaron temores acerca de la posible sustitución de sus roles por máquinas. Además, surgieron objeciones relacionadas con la privacidad de los estudiantes, ya que el sistema recopilaba datos sensibles sobre ellos. Estas objeciones condujeron a la cancelación del proyecto.

Otra importante afectación al derecho a la privacidad y protección de datos que causan los sistemas de inteligencia artificial en el ámbito educativo está relacionada con la creación de perfiles. En efecto, cuando los poderes públicos recurren a sistemas de inteligencia artificial para lograr una educación personalizada (y automatizada), prevenir el riesgo de abandono del sistema educativo o proporcionar la prestación del servicio de educación allí donde no hay profesores, nos encontramos con que la ciencia de datos y los algoritmos de aprendizaje automático, elaboran modelos de estudiantes en los que hacen encajar a los usuarios a la manera de lechos de Procusto. Desde luego, estas tecnologías tienen beneficios a la hora de identificar a los estudiantes en riesgo de abandono escolar y ofrecerle cambios y adaptaciones curriculares que hagan atractiva su permanencia en el sistema educativo. Pero también entrañan riesgos como una exagerada intromisión en la privacidad del estudiante y de su familia (Holmes, *et al.*, 2022a, p. 35) cuando el desarrollo de inteligencia artificial recaba datos relativos a la situación socioeconómica del estudiante y de su familia, la situación laboral de los padres, incluso datos relativos a la salud física y mental de los miembros de la unidad familiar.

EXPLICABILIDAD, AUTONOMÍA (ARTÍCULO 10.1 CE) Y TUTELA JUDICIAL EFECTIVA (ARTÍCULO 24.1 CE)

Explainable AI (XAI), o inteligencia artificial explicable es uno de los ámbitos científicos de la computación y la ciencia de datos que en la actualidad está experimentando un mayor crecimiento, quizás porque está inexorablemente relacionada con la confianza en los desarrollos tecnológicos[112]. La idea que la inspira es que si entendemos el proceso de decisión de la máquina quizás podamos confiar en ella, venciendo así las reticencias que el propio nombre de «cajas negras» asociado a ella puedan generar.

EXPLICABILIDAD Y AUTONOMÍA (ARTÍCULO 10.1 CE)

El interés en la inteligencia artificial explicable se ha extendido a los sistemas socio-técnicos, donde la explicación no es un producto sino un proceso que exige interacciones sociales y transferencias de conocimiento (Miller, 2019). La autonomía, o como nuestra Constitución se refiere a ella «el desarrollo de la personalidad», está estrechamente relacionada con el principio de explicabilidad. Comprender el funcionamiento y la gestión de datos de las tecnologías educativas (de la inteligencia artificial en general) genera confianza y una mejor gestión y

---

[112] El papel y la necesidad de la inteligencia artificial explicable en la educación tienen mucho en común con su uso más amplio, si bien existen necesidades distintivas que están fundamentadas en teorías de las ciencias cognitivas y del aprendizaje (Khosravi, *et al.*, 2022).

utilización de las tecnologías. Además permite que discentes, docentes, padres y autoridades educativas retengan cierto control sobre las recomendaciones o acciones que faciliten los sistemas de educación personalizada.

Por ejemplo, explicar decisiones en el ámbito educativo exige, en primer lugar, explicar los resultados de aprendizaje, las sugerencias para mejorar, las adaptaciones curriculares, las claves de autoevaluación, e incluso los comentarios afectivos (Khosravi, *et al.*, 2022, p. 3). Toda esta retroalimentación permite al estudiante avanzar en su proceso de aprendizaje, además de reforzar su autoestima y confianza. En segundo lugar, los profesores necesitan las explicaciones en su tarea como docentes para valorar el acierto de la estrategia pedagógica utilizada por la máquina, identificar ámbitos en los que los estudiantes requieran más atención del docente, conocer la distribución de las calificaciones de los estudiantes, etc. En tercer lugar, también las autoridades educativas necesitan instrumentos de inteligencia artificial explicable para entender los resultados que arroje el algoritmo en relación con la distribución de recursos (docentes, materiales, pedagógicos), las alertas de abandono escolar temprano, o incluso las alertas de fracaso escolar.

Gracias a la explicabilidad de los sistemas de inteligencia artificial, los resultados que arroja la máquina (relacionados con el acceso, la admisión, la adaptación curricular, la evaluación, etc.) pueden ser asumidos como decisiones propias, lo cual garantiza la condición de agentes autónomos a los seres humanos responsables que se sirven del sistema de inteligencia artificial. A *senso contrario*, un sistema de inteligencia artificial opaco, que no facilite herramientas de explicabilidad de sus resultados, puede afectar la autonomía y el desarrollo de la personalidad al privarnos del dominio de nuestras decisiones.

EXPLICABILIDAD Y TUTELA JUDICIAL (ARTÍCULO 24.1 CE)

La explicabilidad tiene una consecuencia adicional en el caso de sistemas tecnológicos utilizados para adoptar decisiones administrativas relacionadas con el ejercicio del derecho a la educación: afectan al derecho a la tutela judicial efectiva y al principio de buen gobierno.

Las decisiones sobre las necesidades educativas especiales de estudiantes con discapacidad, las decisiones sobre adaptaciones curriculares para estudiantes con dificultades de aprendizaje, las decisiones sobre el acceso a etapas educativas superiores, etc., son todas decisiones administrativas, es decir adoptadas por la administración educativa, sometidas a derecho y sujetas, como cualquier acto administrativo, a control (administrativo y jurisdiccional).

El derecho fundamental a la tutela judicial efectiva consiste en un derecho de impugnación que se extiende a la impugnación de decisiones apoyadas o alcanzadas con sistemas automatizados de decisión[113]. Es consustancial al ejercicio de este derecho, por tanto, el conocer la justificación de la decisión a fin de impugnarla. Si desconocemos las razones que justifican una decisión, será difícil impugnarla y por lo tanto, defender nuestros derechos, quebrantando así el derecho a la tutela judicial efectiva (artículo 24 CE).

Desde el punto de vista de la teoría de la argumentación jurídica, las decisiones administrativas, por ser decisiones adoptadas por operadores jurídicos, requieren justificación. Para ello se acudirá a enunciados empíricos (como los sistemas de inteligencia artificial), a normas jurídicas y a enunciados que no son ni enunciados empíricos ni reglas de derecho (principios éticos, por ejemplo). Podemos utilizar todas estas premisas, pero lo importante es no confundirlo todo (Alexy, 1989, p. 223) y muy especialmente, no debemos confundir la explicación con la justificación.

Por ejemplo, imaginemos una tecnología educativa automatizada donde el operador no interviene en la decisión final porque está basada en sistemas de aprendizaje profundo. En estos casos, la máquina establece conexiones entre la ingente cantidad de datos que la alimentan, y los procesa en capas intermedias ocultas, hasta llegar a la capa de salida. Desde esta perspectiva, la decisión es entendida como un enunciado empírico (no prescriptivo). Pues bien, planteada en estos términos, es razonable desconfiar de la aplicación de esta tecnología en el ámbito jurídico, y muy particularmente en el ámbito de la justificación de las decisiones jurídicas, porque adolece de falta de transparencia. No sabemos cómo funciona, por lo que desconocemos qué lleva a un sistema automatizado de decisión a alcanzar una decisión concreta.

Monika Zalnieriute, *et al.*, (2021) sostienen que esta opacidad es consecuencia de las limitaciones humanas para entender y explicar cómo opera la inteligencia artificial basada en datos, especialmente los sistemas de caja negra[114]. A esta falta

---

[113]   Otra dimensión es el derecho a ser excluido de cualquier decisión apoyada o alcanzada por un sistema automatizado, como por ejemplo, ser excluido de sistemas de creación de perfiles o predicciones.

[114]   Los autores identifican tres formas de opacidad: la primera es intencional que acontece cuando los sistemas de inteligencia artificial son tratados como bienes protegidos por derechos de autor, patentes o secretos comerciales, o bien cuando se utilizan datos sujetos a normas de privacidad o de protección de datos; la segunda forma de opacidad es el analfabetismo tecnológico ya que la mayoría de nosotros no seríamos capaces de extraer información útil del código base de la programación de sistemas de ADM; y la tercera forma de opacidad es la que generan las cajas negras (Zalnieriute, *et al.*, 2021). Cerrillo i Martínez apunta a una opacidad algorítmica deliberadamente provocada por las administraciones públicas: ocultar el conocimiento de los algoritmos a los destinatarios de las decisiones asistidas por sistemas de ADM para eludir su control (Cerrillo i Martínez, 2019).

de transparencia (Gutiérrez David la denomina «opacidad inherente», 2021, p. 177) hay que añadir el desconocimiento de su utilización, o incluso su utilización en etapas previas a la actuación administrativa, con lo que su control por el interesado será más difícil, acarreando una evidente merma de garantías en el procedimiento administrativo.

Naturalmente, la falta de transparencia de los sistemas de decisión automatizada conduce a la vulneración de la obligación de motivar una decisión jurídica, una obligación que en el Estado de Derecho permite a los administrados conocer las razones que justifican la decisión y poder así recurrirla.

A fin de resolver el problema de transparencia de cajas negras utilizadas en la actuación administrativa, las soluciones planteadas van desde el acceso completo al código base, el acceso parcial, y la más novedosa, y aún en desarrollo, la inteligencia artificial explicable[115]. En efecto, la explicabilidad es la vía actualmente elegida por la ingeniería informática para resolver el problema de transparencia, si bien estamos en los albores de esta tecnología. En proyectos como DARPA XAI[116] las máquinas entienden el contexto y el entorno en el que operan y, con el tiempo, construyen modelos explicativos que les permiten caracterizar los fenómenos del mundo real. Estos pueden estar basados en factores técnicos, en explicaciones contrafácticas (Wachter, *et al.*, 2018) o bien en sistemas de *compliance* (Hildebrandt, 2011).

La explicabilidad nos devuelve al mundo empírico: explicamos cómo funciona la ley de la gravedad de la misma manera que explicamos cómo funciona un sistema de inteligencia artificial y cómo se ha llegado a un resultado concreto. Sin embargo, de nuevo, no debemos confundir el discurso (teórico) relativo a *cómo funciona* un invento (empírico, conformado por premisas descriptivas) con el discurso (justificatorio) acerca de *porqué* adoptamos una decisión (normativo, y conformado por premisas prescriptivas). En otras palabras, para explicar necesitamos premisas descriptivas, mientras que para justificar / fundamentar / argumentar necesitamos, además, premisas prescriptivas[117]. Tener clara esta distinción evita la reducción del discurso jurídico a un discurso empírico (Alexy, 1989, p. 225).

---

[115] Ponce Solé (2019) aboga por considerar los algoritmos y códigos como información pública; Valero Torrijos (2016) defiende el derecho de los ciudadanos a obtener información para conocer programas, órgano de control y supervisión, datos empleados y antecedentes. Gutiérrez David (2021) considera además que es la legislación de transparencia la que debe garantizar la interpretabilidad, explicabilidad y justificación de las decisiones basadas en sistemas de decisión automatizada.

[116] https://www.darpa.mil/program/explainable-artificial-intelligence

[117] Explicar no es igual que justificar, de la misma manera que *Sein* y *Sollen* pertenecen planos conceptuales distintos. Esta distinción no aparece en el trabajo de Doshi-Velez, *et al.*, (2017) para quienes la actividad de un operador jurídico (un juez o un oficial de la administración pública) con-

Volviendo al ámbito de la toma de decisiones automatizadas o semi-automatizadas en educación por la administración pública, el operador jurídico debe tener clara la distinción entre la explicabilidad y justificación (jurídica). Se debe *explicar* la tecnología del sistema de inteligencia artificial utilizado para conocer cómo se atribuye más peso o relevancia al perfil elaborado a partir de casos precedentes, o la relevancia atribuida a determinados aspectos del caso concreto, o el peso de un derecho fundamental en conflicto con otros derechos que acuden al caso. Todo esto se puede explicar, y es el cometido de la inteligencia artificial explicable. Ahora bien, hay que *justificar* por qué se utilizan sistemas automatizados de decisión en una concreta actuación administrativa, por qué se atribuye relevancia a determinados elementos del caso mientas se excluyen otros, o por qué el peso de los derechos fundamentales es diferente según las particularidades del caso.

La exigencia de justificación jurídica (externa) de los sistemas de decisión automatizada en cuanto proveedores de enunciados empíricos, nos conduce a dos exigencias de la argumentación a fin de satisfacer el derecho del artículo 24.1 CE. La primera tiene que ver con el enfoque preventivo (más que reactivo) hacia la inteligencia artificial en general y los sistemas de decisión automatizada en particular: la evaluación de impacto previa a la que deben ser sometidos los desarrollos tecnológicos (Cotino Hueso, 2022a). Sólo así se podrá analizar y describir las operaciones del desarrollo (explicación) y también considerar su necesidad, la proporcionalidad y la evaluación de riesgos. La segunda exigencia es la relativa a la necesaria intervención humana, supervisión de los resultados, y la reevaluación de su funcionamiento (Cotino Hueso, 2022b, p. 77).

DERECHO A LA PARTICIPACIÓN (ARTÍCULO 23.1 CE)

La participación de los usuarios finales en la elaboración de las tecnologías educativas que utilizarán las administraciones públicas, permite aumentar la confianza en las herramientas tecnológicas. Además, como se ha mencionado anteriormente, la promoción de la participación en el diseño de herramientas de tecnología educativa puede evitar afectaciones al principio de no discriminación y servir de barrera contra la discriminación. En este sentido, en la evaluación de impacto sobre los derechos fundamentales de las tecnologías educativas se debe

---

siste en ofrecer una explicación a su decisión. Citan los autores el parágrafo 39 de la *Verwaltungsverfahrengesetz* relativo a la *Begründung* de los actos administrativos (de la misma manera que nuestro art. 25 LPAC habla de la motivación) confundiendo, de nuevo, la explicación de un resultado con la justificación de una decisión jurídica.

examinar hasta qué punto los desarrolladores de tecnologías educativas garantizan una atención suficiente al usuario, permitiendo que los usuarios de diversos orígenes y con diversas características y habilidades hayan participado en la construcción de la herramienta, o incluso participen en su desarrollo y control.

En esta misma línea, sería beneficioso para el diseño de cualquier herramienta tecnológica educativa que se promovieran consultas a las partes interesadas, como indica Smuha (2022, p. 129) de modo que aquellos directa o indirectamente afectados por el sistema de inteligencia artificial pudieran contribuir a mejorar las decisiones sobre su diseño y uso. La solicitud de comentarios de aquellos involucrados, ya sean escuelas, profesores, estudiantes o padres, es beneficiosa no solo para detectar posibles errores o sesgos en el sistema, sino también para mejorar aún más la utilidad y la facilidad de uso de la aplicación[118].

---

[118] Los estándares de diseño universal establecidos por la Convención de las Naciones Unidas sobre los Derechos de las Personas con Discapacidad pueden servir como un marco orientador en este sentido, de modo que la mayor variedad posible de usuarios pueda beneficiarse de la tecnología, democratizando así verdaderamente la educación (SMUHA, 2022, p. 129).

CAPÍTULO 5

LA FINANCIACIÓN DE LA TRANSFORMACIÓN DIGITAL: EL SEMESTRE EUROPEO Y EL MECANISMO DE RECUPERACIÓN Y RESILIENCIA

EL SEMESTRE EUROPEO

Europa pugna por el liderazgo mundial en inteligencia artificial. Para lograr un crecimiento inteligente e innovador, se impulsa la transformación digital que no solo alcanza a los sistemas productivos, sino también a los sistemas educativos. La educación y la formación debe incorporar nuevas herramientas de tecnología educativa, y debe ofrecer la necesaria formación en contenidos digitales tanto a docentes como a discentes. Ahora bien, además de una intervención relacionada con el contenido material de la educación y la formación en contenidos digitales, Europa debe ofrecer la necesaria inversión económica si es que quiere alcanzar el ansiado liderazgo mundial.

Las políticas educativas en materia de tecnologías educativas y los instrumentos de financiación en Europa se imbrican en el marco del denominado Semestre Europeo. Éste es un instrumento de coordinación macro-económica con el que la Unión Europea consigue armonizar políticas económicas y también sociales, como la educativa y la transformación digital, y hacer depender los logros que se alcancen a la inversión aprobada a través de instrumentos de financiación europeos.

Algunos autores consideran que la Unión Europea está destacando, de forma efectiva, como un regulador de inteligencia artificial cuyo modelo influye en los demás actores, de manera similar a como lo hizo en materia de regulación de protección de datos (Shackelford y Dockery, 2020, p. 35; Goossens y Glowacki 2019, p. 351). ¿Cómo se financian las inversiones en inteligencia artificial en Europa? La respuesta no puede ser sencilla en Europa donde la gobernanza económica responde al difícil equilibrio entre las posiciones supranacionales de la Comisión e intergubernamentales del Consejo.

El Semestre Europeo es el mecanismo de coordinación macro-económica que determina las prioridades de inversión y conforma el contenido de políticas. Es decir, las políticas macro-económicas se coordinan en el Semestre Europeo y se vinculan a ellas las inversiones de los Fondos europeos[119]. La fuerza expansiva de este mecanismo de coordinación macro-económica ha sido aprovechada por la Comisión para extender su influencia a políticas sociales de manera que se configuran políticas nacionales como la educativa en instancias europeas y se vinculan a estas políticas las inversiones europeas.

El Semestre Europeo surge al amparo de la Estrategia Europea 2020[120]. Es un proceso de gobernanza económica cuya finalidad es la coordinación de reformas estructurales y los programas de convergencia de los Estados, así como el establecimiento de mecanismos para que los Estados cumplan las orientaciones y recomendaciones que propone la Comisión y aprueba el Consejo. Estados, Comisión y Consejo son los principales actores de este mecanismo de gobernanza.

---

[119]   En el marco de la política de cohesión, los fondos son: Fondo *Next Generation*, Fondo Europeo de Desarrollo (FEDER), Fondo Social Europeo (FSE), Fondo de Cohesión (FC).

[120]   Las líneas principales de este mecanismo de gobernanza económica fueron adoptadas por la Comisión en el mayo de 2010 (*Reinforcing Economic Policy Coordination*, COM(2010) 259, 12 de mayo) y finalmente acogido por el Consejo que aprobó un primer paquete regulatorio en septiembre de 2010 con 6 medidas legislativas y en 2013 con otro paquete regulatorio de dos medidas. El conocido como «*Six Pack*» está compuesto por cinco reglamentos y una directiva, publicados todos ellos en el DOUE 23 de noviembre de 2011, núm. 306: Reglamento (UE) n.º 1173/2011 del Parlamento Europeo y del Consejo, de 16 de noviembre de 2011, sobre la ejecución efectiva de la supervisión presupuestaria en la zona del euro; Reglamento (CE) n.º 1174/2011 del Parlamento Europeo y del Consejo, de 16 de noviembre de 2011, relativo a las medidas de ejecución destinadas a corregir los desequilibrios macroeconómicos excesivos en la zona del euro; Reglamento (UE) n.º 1175/2011 del Parlamento Europeo y del Consejo, de 16 de noviembre de 2011, por el que se modifica el Reglamento (CE) n.º 1466/97 del Consejo, relativo al refuerzo de la supervisión de las situaciones presupuestarias y a la supervisión y coordinación de las políticas económicas; Reglamento (CE) n.º 1176/2011 del Parlamento Europeo y del Consejo, de 16 de noviembre de 2011, relativo a la prevención y corrección de los desequilibrios macroeconómicos; Reglamento (UE) n.º 1177/2011, de 8 de noviembre de 2011, por el que se modifica el Reglamento (CE) n.º 1467/97, relativo a la aceleración y clarificación del procedimiento de déficit excesivo; y la Directiva 2011/85/UE del Parlamento Europeo y del Consejo, de 8 de noviembre de 2011, sobre los requisitos aplicables a los marcos presupuestarios de los Estados miembros. El «*Two Pack*» (DOUE 27 de mayo de 2013, núm. 140), por su parte, estaba formado por el Reglamento n.º 472/2013 del Parlamento Europeo y del Consejo, de 21 de mayo de 2013, sobre el refuerzo de la supervisión económica y presupuestaria de los Estados miembros de la zona del euro cuya estabilidad financiera experimenta o corre el riesgo de experimentar graves dificultades; y el Reglamento (UE) n.º 473/2013 del Parlamento Europeo y del Consejo, de 21 de mayo de 2013, sobre disposiciones comunes para el seguimiento y la evaluación de los proyectos de planes presupuestarios y para la corrección del déficit excesivo de los Estados miembros de la zona del euro.

En el Semestre Europeo se examinan los desequilibrios macroeconómicos y se establecen las reformas estructurales que debe acometer cada país. Entre otros hitos del Semestre Europeo, la Comisión propone Recomendaciones Específicas de País, REP en adelante, que serán adoptadas por el Consejo. Las REP atienden a los principales problemas identificados por la Comisión en los informes por país y, en su caso, en los exámenes exhaustivos para los que podrá ser necesaria una actuación política. El cumplimiento de las REP será valorado por la Comisión y será determinante para acceder a la financiación europea.

Desde su puesta en funcionamiento en el año 2011, el Semestre Europeo ha experimentado sucesivas modificaciones y adaptaciones que han afianzado el peso institucional de la Comisión hasta el punto de favorecer la expansión de las competencias de la UE más allá de las inicialmente asignadas por los Tratados[121]. El cambio más significativo que ha experimentado el Semestre Europeo se debe a la excepcional respuesta por parte de la Unión Europea a la crisis sanitaria de la COVID-19: la aprobación del Mecanismo de Recuperación y Resiliencia (el Mecanismo en adelante)[122]. En efecto, el ciclo del Semestre Europeo de 2021 se adaptó a fin de coordinarlo con el Mecanismo. Para ello, se examinan los Programas Nacionales de Reformas (del Semestre Europeo ordinario) junto a los Planes de Recuperación y Resiliencia (del Mecanismo) en único documento integrado. Ambos planes detallan las reformas e inversiones que los Estados emprenderán para alcanzar los objetivos del Mecanismo. En otras palabras, la respuesta a la crisis de la COVID-19 es una versión mejorada del Semestre Europeo (Vanhercke y Verdum, 2021, p. 215).

La elección de este modelo de gobernanza que persiste en el panorama post-COVID se explica, como indican Vanhercke y Verdun (2021), por el hecho de que el Semestre Europeo hace compatible dos extremos: por un lado, se imponen obligaciones (condicionalidades) a los Estados y por otro se les deja margen de maniobra a la hora de elegir y ejecutar las reformas y medidas nacionales. Que los Estados perciban tener cierta libertad a la hora de llevar a cabo sus reformas

---

[121] Estas adaptaciones del Semestre Europeo han resultado en un Consejo de Ministros de la Unión Europea cuyo margen de maniobra se ha ido limitado progresivamente, lo que se traduce también en limitaciones para los Estados Miembros; como contrapartida, la Comisión ejerce un papel extraordinariamente visible e intrusivo en el escrutinio y dirección de políticas económicas, fiscales y sociales en la Eurozona (Costamagna, 2013; Zeitlin y Vanhercke, 2014).

[122] Reglamento (UE) 2021/241 del Parlamento y el Consejo, de 12 de febrero de 2021 por el que se establece el Mecanismo de Recuperación y Resiliencia, DOUE de 18 de febrero de 2021, 57 (aprobado en el marco del Reglamento (UE) n.º 2020/2094 del Consejo, de 14 de diciembre de 2020 por el que se establece un Instrumento de Recuperación de la Unión Europea para apoyar la recuperación tras la crisis de la COVID-19, DOUE n.º L1, de 22 de diciembre de 2020, 26).

es imprescindible porque muchas medidas se proponen en ámbitos de políticas públicas, como por ejemplo en el ámbito de las políticas educativas, para las que la Unión Europea carece de competencias.

LA EDUCACIÓN DIGITAL EN EL SEMESTRE EUROPEO

En el marco de gobernanza del Semestre Europeo se definen los objetivos a alcanzar en políticas públicas de cada Estado, de manera que la política macroeconómica de un país queda sujeta a la máxima de la consolidación fiscal y la austeridad presupuestaria. Inicialmente, las REP de 2011 (las primeras que se aprobaron) abordaban estrictamente cuestiones económicas y fiscales[123]. Sin embargo, pronto la Comisión Europea (la verdadera conductora del Semestre Europeo) auspició cambios en el modelo de gobernanza económica (sobre todo como respuesta a la crisis económica) para impulsar reformas sociales nacionales, eso sí, vinculadas a la consecución de objetivos económicos y fiscales[124].

En efecto, desde el año 2012, el Semestre Europeo parece permeable a consideraciones sociales[125] de manera que las REPs de los años 2012 a 2015 contienen indicaciones de política social (Vanheuverzwijn y Crespy, 2018, p. 77) hasta llegar a representar el 12% de las REP que se adoptan (Copeland y Daly, 2018, p. 1006)[126]. Se incluyen aquí las REPs destinadas a la lucha contra la pobreza, mejora de la asistencia social y educativa para grupos desfavorecidos, asistencia a niños y a familias, lucha contra el abandono escolar temprano, extensión de la educación infantil a los primeros años, mejora de la inclusión y efectividad de la educación, y reforma del sistema sanitario para garantizar el acceso universal, entre otras[127].

---

[123] Consecuentemente, en la elaboración de los Programas Nacionales de Reformas, la participación de actores sociales (nacionales o europeos) era nula (Czubala y Lara, 2020, p. 25).

[124] En este sentido, el Consejo de Ministros de Empleo, Política Social, Salud y Consumo (EPSCO en sus siglas en inglés) aprobó la introducción de consideraciones sociales en el Semestre Europeo para afianzar el logro de los objetivos de la Estrategia Europa 2020, sin que con ello se estuviera proponiendo una política social europea.

[125] Como indica Czubala y Lara (2020, p. 25), la reacción de la Comisión a los efectos negativos de la crisis fue adoptar más política social: la Encuesta Anual de Crecimiento de 2012 indicaba prioridades de actuación europea en ámbitos como la lucha contra el desempleo y la promoción del bienestar social; además, en esa época se implementaron medidas como el Paquete de empleo, el Paquete de inversión social y la Garantía juvenil.

[126] Son REPs orientadas a corregir el mercado, es decir, que exigen una intensa intervención pública que en ocasiones puede distorsionar el mercado.

[127] Copeland y Daly concluyen, en su estudio empírico, que la Comisión elaboró este tipo de REPs de contenido social fundamentalmente para a los países de la Europa del Este (países

Entre las REPs de corte social dirigidas a España, las de contenido educativo aparecen por primera vez en el año 2013 recogidas de una manera muy extensa:

> REP 5: Proseguir la labor encaminada a reforzar que la educación y la formación sea adecuada a las necesidades del mercado de trabajo, reducir el abandono escolar prematuro y potenciar la educación permanente, prorrogando la aplicación de la formación profesional dual más allá de la actual fase piloto e introduciendo un sistema global de seguimiento del rendimiento de los alumnos al final de 2013 a más tardar[128].

Lo mismo ocurrirá en las REPs del año 2014[129], 2016[130], 2017[131], 2018[132] y 2019[133] cuando se incluye, por primera vez, una mención a la educación digital:

> REP 2: Reducir el abandono escolar prematuro y mejorar los resultados educativos, teniendo en cuenta las disparidades regionales. Incrementar la cooperación entre los sectores educativo y empresarial con vistas a mejorar las capacidades y cualificaciones demandadas en el mercado laboral, *especialmente en el ámbito de las tecnologías de la información y la comunicación.*

Las REPs para España de 2020 (con la Comisión Europea von der Leyen), ya con la crisis de la COVID-19 en ciernes[134], mostraban a la necesaria respuesta económica, sanitaria e incluso educativa a la crisis de la COVID-19:

---

bálticos, Bulgaria, República Checa, Hungría y Rumanía) así como para Austria, Reino Unido y España (COPELAND y DALY, 2018, p. 1007).

[128] Recomendación del Consejo de 9 de julio de 2013 relativa al Programa Nacional de Reformas de 2013 de España y por la que se emite un dictamen del Consejo sobre el Programa de Estabilidad de España para 2012-2016, DOUE 30 de julio de 2013.

[129] Recomendación del Consejo de 8 de julio de 2014 relativa al Programa Nacional de Reformas de 2014 de España y por la que se emite un dictamen del Consejo sobre el Programa de Estabilidad de España para 2014, DOUE de 27 de julio de 2014.

[130] Recomendación del Consejo de 12 de julio de 2016 relativa al Programa Nacional de Reformas de 2016 de España y por la que se emite un dictamen del Consejo sobre el Programa de Estabilidad de España para 2016, DOUE de 18 de agosto de 2016.

[131] Recomendación del Consejo de 11 de julio de 2017 relativa al Programa Nacional de Reformas de 2017 de España y por la que se emite un dictamen del Consejo sobre el Programa de Estabilidad de España para 2017, DOUE de 9 de agosto de 2017.

[132] Recomendación del Consejo de 13 de julio de 2018 relativa al Programa Nacional de Reformas de 2018 de España y por la que se emite un dictamen del Consejo sobre el Programa de Estabilidad de España para 2018, DOUE de 10 de septiembre de 2018.

[133] Recomendación del Consejo de 9 de julio de 2019 relativa al Programa Nacional de Reformas de 2019 de España y por la que se emite un dictamen del Consejo sobre el Programa de Estabilidad de España para 2019, DOUE de 5 de septiembre de 2019.

[134] Tras la grave disminución de la actividad económica provocada por la pandemia, los Ministros de Hacienda de los Estados miembros estuvieron de acuerdo con la evaluación que hizo

REP 2: Mejorar… *el acceso al aprendizaje digital*[135].

En las REPS de 2021, 2022 y 2023 se indica que «Sistemas educativos y de formación de alta calidad que respondan a las cambiantes necesidades del mercado laboral y medidas específicas de mejora de habilidades y reciclaje son fundamentales para reducir la escasez de habilidades y fomentar la inclusión y reubicación laboral» por lo que se repite la misma recomendación en años consecutivos[136]:

REP 1: Preservar la inversión pública financiada a nivel nacional y garantizar la absorción efectiva de las subvenciones del Mecanismo de Recuperación y Resiliencia (RRF) y otros fondos de la Unión Europea, en particular para impulsar las *transiciones verde y digital*.

Para orientar las reformas e inversiones financiables que vayan a acometer los Estados miembros en el ámbito de la transición digital, la Comisión ya ha propuesto iniciativas insignia (*flagship iniciatives*), de manera que los Estados las puedan incorporar a sus Planes de Recuperación Transformación y Resiliencia. Una de éstas iniciativas se denomina «*Reskill and upskill*» relativa a la adaptación de los sistemas educativos para incrementar las competencias digitales de la población y para promocionar la formación profesional tanto dentro como fuera del centro educativo[137]. Pues bien, en el caso de España, el Gobierno ha alineado algunas de las reformas del Plan de Recuperación, Transformación y Resiliencia de

---

la Comisión en su Comunicación de 20 de marzo e 2020, y pocos días después declararon que concurrían las condiciones para la activación de la cláusula general de salvaguarda del marco presupuestario de la UE, de manera que los Estados podían desviarse de las magnitudes presupuestarias temporalmente hasta 2023.

[135] Las cursivas son mías. Recomendación del Consejo de 20 de julio de 2020 relativa al Programa Nacional de Reformas de 2020 de España y por la que se emite un dictamen del Consejo sobre el Programa de Estabilidad de España para 2020, DOUE de 26 de agosto de 2020.

[136] Recomendación del Consejo, Recomendación del Consejo, de 18 de junio de 2021, por la que se emite un dictamen del Consejo sobre el Programa de Estabilidad de 2021 de España; Recomendación del Consejo, de 12 de julio de 2022, relativa al Programa Nacional de Reformas de 2022 de España y por la que se emite un dictamen del Consejo sobre el Programa de Estabilidad de 2022 de España (2022/C 334/09); Recomendación del Consejo, de 14 de julio de 2023, relativa al Programa Nacional de Reformas de 2023 de España y por la que se emite un dictamen del Consejo sobre el Programa de Estabilidad de 2023 de España, (2023/C 312/09).

[137] Los objetivos para esta iniciativa insignia incluyen elevar la proporción de adultos con competencias digitales básicas del 42% al 70%, reducir al 15% la proporción de estudiantes de 13 y de 14 años con bajos resultados en computación y comunicación, asegurar que al menos el 80% de los graduados en Formación Profesional estén empleados, y que el 60% se beneficien del programa ON-THEJOB (Recomendación de la Comisión para una Recomendación del Consejo en Política Económica para la Zona Euro (COM (2020) 746).

2021 a la iniciativa insignia «*Reskill and upskill*» y ha incluido la educación como política palanca con tres componentes: el Plan Nacional de Competencias Digitales (*Digital Skills*); el Plan estratégico de impulso de la Formación Profesional; y la Modernización y digitalización del sistema educativo, incluida la educación temprana de 0 a 3 años. Está prevista una inversión de más de € 7 billones hasta el año 2024 que se irá haciendo efectiva bajo cumplimiento de los objetivos marcados por la Comisión.

En definitiva, tanto con el Semestre Europeo, como ahora con el Mecanismo, las reformas e inversiones en política sociales las proponen los Estados miembros, pero en el marco de los incentivos y los instrumentos que facilita la Unión Europea a través de la coordinación de políticas macroeconómicas.

SEMESTRE EUROPEO, POLÍTICA DE COHESIÓN Y FONDOS NEXT GENERATION

Como se ha explicado, la coordinación de políticas económicas y fiscales que entraña el Semestre Europeo implica que los Estados miembros tienen que asumir reformas estructurales, también en ámbitos sociales.

Para asegurar su cumplimiento, especialmente en lo que se refiere al procedimiento de déficit excesivo, se prevén sanciones contra los Estados Miembros. Además de sanciones explícitas (que no se han usado, como indican Leino-Sandberg y Losada (2020, p. 27), en el paquete regulatorio del Semestre Europeo de 2013 se introdujo la posibilidad de suspender determinados fondos europeos en caso de incumplimiento de los mecanismos de coordinación macroeconómica. Esta idea, la de vincular el Semestre Europeo con los fondos europeos, termina por imponerse en el paquete regulatorio la Política de cohesión para el periodo 2021-2027[138] de manera que se alinean el Semestre Europeo y la Política de cohesión con las inversiones a largo plazo aprobadas para los Estados Miembros (Comité Europeo de las Regiones, 2019).

Por un lado, las REPs servirán como hoja de ruta para la programación de los fondos europeos; por otro lado, los fondos europeos están disponibles para los Estados Miembros siempre que cumplan con condicionalidades *ex ante*[139].

---

[138]   El paquete regulatorio de la Política europea de cohesión está compuesto por los siguientes mecanismos: el Paquete para la Asistencia para la Cohesión y los Territorios de Europa; el Reglamento de Disposiciones Comunes para la gestión compartida de los fondos; los Programas de Cooperación Interregional («INTERREG»); los Fondos Europeos de Desarrollo Regional (FEDER), el Fondo de Cohesión (FC), y el Fondo de Transición Justa (FTJ).

[139]   En el nuevo Marco financiero plurianual 2021-2027 se reducen significativamente el número de condicionalidades a 20.

Esto es relevante para la política educativa porque entre estas condicionalidades propuestas en el paquete regulatorio se incluye, y ésta es la novedad, un pilar de inversión denominado una Europa más social, que recoge inversiones en educación y capacidades educativas y profesionales.

En concreto, la Comisión Europea ha identificado para España las siguientes prioridades de inversión en educación[140] a las que se les vincularán condicionalidades *ex ante*:

- Mejorar la calidad y la relevancia para el mercado laboral de la educación y la formación;
- Educación y formación de calidad e inclusiva, en particular para los grupos más desfavorecidos;
- Oportunidades de aprendizaje a lo largo de la vida para todos:
  — Mejorar las cifras de acceso y egresados en todos los niveles de formación, especialmente en regiones con un alto nivel de abandono escolar temprano o con resultados educativos pobres;
  — *Apoyar la adquisición de competencias claves, incluidas las digitales*;
  — Impulsar la FP, especialmente la dual;
  — Mejorar la carrera de los profesores;
  — Inversiones en infraestructuras para la educación infantil y resto de niveles educativos.

En el caso de reformas y medidas en política educativa que puedan subsumirse en estas líneas, se evaluará el cumplimiento de condicionalidades, y se otorgará financiación a través de los fondos europeos. En fin, al vincular la gobernanza económica del Semestre Europeo a la política de cohesión, se vincula la disponibilidad de fondos europeos a políticas nacionales (como la política educativa, para la que la UE carece de competencias formales como nos recuerdan Leino-Sandberg y Losada (2020, p. 27) y Dawson (2018).

La coordinación del Semestre Europeo con la Política de Cohesión se ha visto alterada por la crisis de la COVID-19 y la respuesta sin precedentes que adoptó la UE: el Mecanismo de Recuperación y Resiliencia. En esta nueva etapa, los Estados recibirán los fondos y préstamos europeos de los Fondos *Next Generation* (vinculados al Mecanismo) cuando el cumplimiento de sus Planes de Recuperación y Resiliencia sea evaluado positivamente por la Comisión. Como indican Vanhercher y Verdun (2021, p. 16), ahora hay más palos y zanahorias que con el

---

[140] Anexo a la Propuesta de Marco financiero plurianual 2021-2027 (COM(2018) 321 y COM (2018) 322).

Semestre Europeo pre-pandemia, lo que seguramente hará más efectivo este modo de gobernanza socio-económica.

La Transformación Digital es uno de los cuatro ejes del Plan Nacional de Recuperación y Resiliencia (PNRR) español y se aplica a todas las políticas de impulso, desde la agenda urbana hasta la educación. De hecho, la transformación digital es especialmente relevante en las Competencias Digitales (Componente 19) y en el Plan Estratégico para la FP (Componente 20). Paradójicamente, el Componente 21 denominado Modernización y digitalización del sistema educativo apenas prevé inversión significativa en educación digital o en la digitalización de la educación.

En concreto, el Componente 19 del PNRR (Competencias digitales) incluye el Plan Nacional de Competencias Digitales que contiene la hoja de ruta para reformas e inversiones, incluida una línea de acción especial en Competencias Digitales para el Sistema Educativo. Las inversiones más relevantes son:

- Transformación digital de la educación: Distribución de 300.000 dispositivos digitales (ordenadores, tabletas, etc.) entre los estudiantes de centros públicos. La inversión también implica la creación de 240.240 Aulas Digitales Interactivas (pizarras digitales conectadas a Internet en las aulas para facilitar el aprendizaje a distancia). Para los docentes, se prevé inversión para el desarrollo de competencias digitales (712.852 profesores) sobre cómo usar los dispositivos digitales en la escuela (no se refiere a cómo enseñar con dispositivos digitales)[141]. La inversión es la siguiente: € 1.012 millones en 2021, € 342 millones en 2022 y € 58 millones en 2023.
- Competencias digitales transversales. Esta inversión implica la creación de centros para apoyar la formación digital entre la población adulta. Las Aulas Mentor son el principal medio para llevar a cabo esta formación. También implica campañas públicas para concienciar a la población en general sobre competencias digitales y humanismo tecnológico, entre otros. La inversión es de € 735 millones.
- Profesionales digitales y recursos educativos abiertos con una inversión de € 190 millones. Los profesionales digitales tienen como objetivo adaptar la oferta existente de formación profesional y diseñar nuevos cursos de especialización en el área de competencias digitales. Esta inversión tiene

---

[141] El Plan Nacional de Competencias Digitales (adoptado en 2021) en el Sistema Educativo (Educa en Digital) incluye la distribución de dispositivos digitales a escuelas y estudiantes, formación digital para profesores, elaboración de recursos educativos digitales, adaptación de competencias digitales de los estudiantes y acciones que implican la aplicación de inteligencia artificial a la educación personalizada.

como objetivo capacitar a los profesores de formación profesional en estos dominios para enseñar los nuevos cursos.

Por lo que se refiere al Componente 20, relativo al Plan de Transformación digital de la formación profesional, es el único componente que prevé una inversión para la formación de profesores. Desafortunadamente, se enfoca solo en la formación profesional. Las medidas consisten en cursos de 30 horas en formación digital y verde para 25 281 profesores hasta 2024 con una inversión total de € 2,5 millones

LA (FALTA DE) LEGITIMIDAD DEL SEMESTRE EUROPEO: EL PAPEL DE *STAKEHOLDERS* Y DE LOS ACTORES SOCIALES

La gobernanza para el cobro de las inversiones es compleja y favorece el papel dominante de la Comisión Europea. La Comisión asiste a los Estados que lo soliciten en la redacción de sus Planes de Recuperación y Resiliencia; una vez presentados, la Comisión los analiza y los propone al Consejo para su aprobación. Cuando son aprobados, el pago de las contribuciones financieras previstas en el Mecanismo dependerá del cumplimiento de hitos y objetivos previamente aprobados por la Unión Europea y seleccionados por los Estados en sus Planes de Recuperación y Resiliencia.

Para llevar a cabo este control, la Comisión Europea solicita al Comité Económico y Financiero un dictamen sobre el cumplimiento de los hitos y objetivos planteados por los Estados en sus Planes de Recuperación y Resiliencia. Finalmente, si el contenido de este dictamen fuera positivo, la Comisión procede a aprobar las solicitudes de pago de acuerdo con el procedimiento de Comitología. En este sentido hay que recordar que la Comitología es un instrumento de control intergubernamental ya que los Comités están compuestos por expertos nacionales; sin embargo, los Comités están integrados en la Comisión Europea que ejerce su liderazgo sobre ellos[142].

Con bastante acierto autores como Corti y Núñez Ferrer (2021, p. 4) sostienen que el Mecanismo ha colocado a la Comisión Europea en la dirección y la supervisión del uso de los fondos que reciben los Estados. Además, este papel activo de la Comisión en el Mecanismo resulta en un aumento de su capacidad

---

[142]   En un estudio empírico sobre la comitología se constató que en el 97% de los casos, las deliberaciones de los comités culminan con un resultado favorable para la Comisión (Fernández Domínguez 2020, 296 *apud* Fernández Pasarín *et al.* 2020).

de influencia sobre los Estados miembros a la hora de perfilar y ejecutar políticas públicas (Fernández Domínguez 2020, p. 298).

Conviene analizar la gobernanza económica del Semestre Europeo y del Mecanismo desde el punto de vista de su legitimidad democrática (Creel *et al.* 2021, 4) porque la coordinación supranacional de políticas claramente limita el poder discrecional de los Estados y con ello, la capacidad de los ciudadanos para decidir qué inversiones y reformas quieren acometer.

La primera falla desde el punto de vista de la legitimidad del Semestre Europeo la encontraremos en el debilitamiento de la gobernanza europea multinivel a costa de lograr reformas estructurales coordinadas (Scheinert y van Lierop, 2019). Esto se produce porque los principales actores institucionales del Semestre Europeo son los Estados, la Comisión y el Consejo de la Unión Europea. Son éstos quienes deciden el contenido de las REPs (las reformas estructurales) así como las condicionalidades *ex ante* a cumplir.

En el ámbito de las inversiones y las reformas educativas, actores interesados (*stakeholders*) como los gobiernos regionales y locales participan en el Semestre Europeo; ahora bien, lo hacen en tanto que reciben información y son consultados (por el Estado) pero no toman parte en los procesos decisorios, ni aparecen involucrados en la apropiación de las reformas impulsadas en el seno del Semestre Europeo[143]. Paradójicamente, quienes tienen competencias legislativas y ejecutivas para llevar a cabo las reformas educativas y las inversiones puede que no sean conscientes del alcance del Semestre Europeo (Valenza y Hickey, 2020, p. 62) ni de las REPs; además, en el caso de que sean conscientes, las reformas van a ser percibidas como una imposición externa de la que dependerá además la financiación europea que reciban[144].

A nivel europeo, la participación de las autoridades locales y regionales, o del Comité de las Regiones en el Semestre Europeo requiere modificar el Tratado de la Unión Europea y el Tratado de Funcionamiento de la UE (Scheinert y van Lierop, 2019). No es una prioridad actualmente embarcarnos en un debate de reforma de los Tratados; sin embargo, la Comisión sí ha tenido en cuenta alguna de las propuestas que el Comité de las Regiones hizo en hizo en su Código de

---

[143] Se utiliza aquí los cuatro niveles de intensidad a la hora de valorar el grado de participación en procedimientos decisorios (Estévez Araújo y Ramos Toledano, 2018).

[144] Por supuesto, el hecho de que los entes locales y regionales no participen en el Semestre Europeo también tiene como resultado la negociación *top-down* de los paquetes de cohesión, a pesar de que son las administraciones beneficiadas de los fondos europeos.

Conducta de 2017[145]. En concreto, la Comisión evalúa las disparidades entre las regiones, y en algunos casos, como el de España, estas disparidades se incluyen en las REP. Es el caso de la Recomendación recibida en 2019 cuyo texto se refería a «Reducir el abandono escolar prematuro y mejorar los resultados educativos, teniendo en cuenta las disparidades regionales»[146].

Como no es una prioridad abordar una reforma de los Tratados europeos, la gobernanza europea multinivel se puede mantener si se operan los cambios adecuados a nivel nacional. En efecto, que se respete el principio de subsidiariedad y la apropiación de las sinergias que genere el nuevo Semestre Europeo dependerán de cómo cada Estado pondere los intereses del gobierno central y de los gobiernos regionales y locales. Por lo pronto, en el Reglamento que regula el Mecanismo se indica que:

> (34) Las autoridades regionales y locales pueden ser socios importantes en la aplicación de las reformas y las inversiones. A este respecto, se les debe hacer partícipes y consultar debidamente, de conformidad con el marco jurídico nacional.

En un modelo descentralizado de educación como el español, podemos esperar que los mecanismos institucionales tradicionales que ya articulan las relaciones de cooperación y colaboración interadministrativa en el ámbito educativo puedan ponerse al servicio del Semestre Europeo, o al menos del proceso de decisión del Estado miembro. De esta manera, las Comunidades Autónomas y los Entes locales participarían en la elaboración de los planes nacionales de reforma y en los planes de estabilidad como la mejor oportunidad para influir en el Semestre Europeo (Scheinert y van Lierop, 2019). No sólo eso: la activa participación de regiones y el sentido de apropiación del procedimiento permitirían mejorar el pobre cumplimiento de las REPs.

En concreto, la Conferencia Sectorial de Educación podría ser utilizada como vía que canalice la participación de las Comunidades Autónomas en materia educativa si resulta afectada en el proceso del Semestre Europeo. Esta posibilidad tan tolo se ha usado una vez desde que se estrenó el procedimiento de coordinación

---

[145]   Opinión del Comité de las Regiones sobre «Mejorar la gobernanza del Semestre Europeo: un código de conducta para la participación de los entes locales y regionales», 2017/C 306/05, DOUE de 15 de septiembre de 2017.

[146]   Recomendación del Consejo, de 9 de julio de 2019, relativa al Programa Nacional de Reformas de 2019 de España por el que se emite un dictamen del Consejo sobre el Programa de Estabilidad de 2019 de España, 2019/C 301/09. Similares recomendaciones recibieron también Alemania e Italia en relación con la reducción de disparidades regionales en diferentes políticas (educación, infraestructuras, investigación y transporte entre otros).

macroecómico: en febrero de 2011 hubo una discusión monográfica relativa a la «Contribución al Semestre Europeo. Estudio General de Crecimiento» que tuvo lugar en la Comisión General de Educación de la Conferencia Sectorial[147].

Es cierto que el Estado consulta a las Comunidades Autónomas y Entes Locales cuando elabora el Plan Nacional de Recuperación Reformas[148], pero lo hace como meros *stakeholders* no como actores políticos. En este sentido, España sigue la tónica de otros Estados de la Unión Europea que limitan la participación de regiones y entes locales a aportar información y ser consultadas en la aprobación del Plan Nacional de Reformas (Valenza y Hickey, 2020, p. 64).

Pero si la Administración General del Estado no está facilitando y estimulando a la participación de regiones y entes locales en el Semestre Europeo, tampoco parece que las Comunidades Autónomas o los Municipios se muestren muy interesados en ello. En el análisis comparado de Valenza y Hickey (2020, p. 65), se señalan las objeciones que manifiestan las regiones y los entes locales a participar en el Semestre Europeo de forma activa: (i) la complejidad institucional, la capacidad técnica y necesaria inversión que requiere el Semestre Europeo; (ii) la necesidad de mayores inversiones institucionales; y (iii) la falta de un claro valor añadido en las contribuciones que hacen las regiones y los entes locales.

La política de cohesión europea y las reformas en política educativa que emergen en el seno del Semestre Europeo apuntan a las regiones (a las Comunidades Autónomas) como gestores de los programas de cohesión y de reformas educativas, y por lo tanto, no como meros destinatarios de las políticas que otros hacen. Es un intento de conciliar la gobernanza económica del Semestre Europeo con la gobernanza multinivel de la Unión Europea, aunque a tenor de los cambios institucionales acaecidos en España (ninguno), persiste la falta de implicación de *stakeholders* relevantes en educación.

La segunda falla de la legitimidad democrática del Semestre Europeo, quizás acentuada a partir de la puesta en marcha del Mecanismo, es la ausencia de actores sociales en la elaboración, ejecución y control de las reformas e inversiones sociales previstas en los Planes Nacionales de Reforma (Semestre Europeo) o en los Planes de Recuperación y Resiliencia (el Mecanismo). Aunque el Reglamento que regula el Mecanismo no establece el procedimiento que deben seguir los Estados miembros en la elaboración de sus Planes de Recuperación y Resiliencia, la Comisión

---

[147] Conferencia Sectorial de Educación, Informes de actividad (por cursos), disponible en: http://www.educacionyfp.gob.es/dam/jcr:d9adb17d-fce5-4dbe-bdd7-7be99ba1ed7a/resumen1986-2020-rev.pdf

[148] Como señalan VALENZA y HICKEY (2020), también Alemania utiliza estos mecanismos de coordinación y los pone al servicio del Semestre Europeo, si bien involucran principalmente a los *Länder*.

sí les exhorta a contar con la participación de los interlocutores y organizaciones de la sociedad civil. Sin embargo, tras el lanzamiento del Mecanismo, la Confederación Europea de Sindicatos y la Plataforma Europea denunciaron la falta de implicación de los agentes sociales en el diseño y la adopción de los Planes de Recuperación y Resiliencia.

Mientras que, a nivel europeo, la incorporación de la política educativa en la gobernanza económica deriva en la necesaria colaboración entre el Comité de Educación, EMCO y ECOFIN, esta implicación no parece que se traslade al ámbito nacional. En España, la Conferencia Sectorial de Educación no parece un órgano administrativo de cooperación entre Comunidades Autónomas y Entes locales donde se diseñen las medidas educativas que el Estado trasladará y defenderá en el Semestre Europeo. Sería conveniente que el Código de Conducta que ha creado el Comité de las Regiones fuera conocido y aplicado por las administraciones públicas españolas a fin de que en materia educativa las Comunidades Autónomas y Entes locales experimentaran la apropiación de políticas generadas en el Semestre Europeo y su participación no se redujera a modificaciones legislativas que articulan reformas sociales gestadas en otro lugar.

CONCLUSIONES

Para abordar el estudio del derecho a la educación y la inteligencia artificial se ha recurrido a dos conceptos: el sistema técnico y el sistema socio-técnico.

La noción de sistema técnico ha sido acuñada por Jacques Ellul (1977). El filósofo y teólogo francés distingue las operaciones técnicas, por un lado, y el sistema técnico por otro. Las operaciones técnicas son inseparables de la aventura humana: desde hacer fuego o tallar sílex, hasta programar un algoritmo de caja negra. Pero lo que singulariza al sistema técnico con respecto a la operación técnica es que un sistema técnico tiende a ser autónomo por lo que es capaz de auto-regularse y de acabar imponiendo sus exigencias en las relaciones que mantiene con todo lo ajeno al sistema. Los sistemas técnicos se pueden hallar en distintos contextos sociales como la política, la economía, la protección social o la educación, entre otros. Debido a que se trata de un sistema autónomo aplicado a un contexto no-técnico, no tenderá necesariamente a promover la virtud, la equidad, ni tampoco, desde luego, la mejora de sistemas de asistencia o sistemas educativos, como los que se ha tratado aquí.

Como hemos visto, estas consideraciones son relevantes, porque las empresas de desarrollo tecnológico, operan principalmente en aquellos sectores educativos que son rentables desde una perspectiva económica. Esto implica que pueden ignorar o incluso abandonar aquellos ámbitos educativos que no generen ganancias significativas. Por otro lado, a los riesgos de ceñirse en exclusiva a una racionalidad puramente económica e instrumental se añaden los riesgos de esa singular racionalidad del sistema técnico, ajena en lo sustancial a los presupuestos humanistas que contemplan la técnica como un conjunto de medios al servicio de los fines que se establecen (democráticamente). El sistema técnico se inspira por un espíritu diferente: «La técnica no se desarrolla en función de fines que hay que perseguir, sino en función de posibilidades de crecimiento ya existentes» (Ellul 1977, p. 280). El sistema técnico orilla debates éticos relevantes en educación, como el viejo debate sobre el propósito del aprendizaje, qué método pedagógico es el apropiado, o qué riesgos acechan a la equidad y calidad de la educación.

Pero las tecnologías educativas son, además, sistemas socio-técnicos (Benbouzid, *et al.*, 2022; Leslie, *et al.*, 2021). La noción de sistema socio-técnico fue creada en el contexto de los estudios laborales a finales de los años cincuenta. Este concepto se estableció con el fin de reflejar la interacción recíproca entre humanos y máquinas y para promover un programa que articulara tanto a las condiciones técnicas como sociales del trabajo, de tal manera que la eficiencia y la humanidad ya no entraran en conflicto entre sí. La tensión entre el sistema técnico y el social se resuelve así con abstracciones con las que se programa el algoritmo. Por ejemplo, programar qué es educación equitativa, educación de calidad, no discriminación o incluso cómo ponderar, etc. son operaciones con las que se intenta encapsular dentro del sistema técnico lo que está fuera de éste.

Naturalmente, la fuerza expansiva (colonizadora) del sistema técnico alcanza también al derecho. Los sistemas de decisión automática que se utilizan en el ámbito de la actividad administrativa o incluso judicial, son ejemplos de sistema socio-técnicos. Aquí la tensión entre el sistema técnico y el derecho se intensifica porque los algoritmos y las normas del Derecho son criaturas que habitan en diferentes mundos separados en un plano conceptual: el empírico y el normativo, o por decirlo de manera más clásica, el *ser* y el *deber ser* (Moral Soriano, 2023).

Del filósofo y teólogo francés, Jacques Ellul, hemos aprendido que los desarrollos de inteligencia artificial son un paradigmático ejemplo de sistema técnico fuertemente arraigado a nuestra forma de vida debido a las múltiples aplicaciones que encuentra (justicia, seguridad pública, educación, sanidad, etc.). Estos desarrollos tecnológicos son dependientes de su contexto, es decir, fracasan cuando definen rígidamente qué es justicia, qué equidad o qué es justificación jurídica porque su aplicación está sujeta a valoraciones de orden social. En fin, la tensión entre sociedad y sistema técnico no puede resolverse ni prescindiendo de la técnica; ni, desde luego, permitiendo que el sistema técnico fagocite a la sociedad.

Someter la inteligencia artificial a las consideraciones del orden social es lo que está haciendo Europa. En particular, la Unión Europea ha optado por utilizar un modelo regulatorio donde el derecho y los derechos fundamentales son los principales instrumentos de control de los sistemas de inteligencia artificial. Se separa así de modelos como el de EE.UU. basado en guías o directrices éticas elaboradas por la misma industria tecnológica.

En el RIA, la Unión Europea asume la posición del sistema técnico autónomo porque no se imponen límites éticos ni de otro orden a la investigación y creación de desarrollos tecnológicos, si bien su comercialización dependerá de la capacidad que tengamos tanto para señalar los impactos negativos (como la discriminación o la merma de la autonomía personal), como para identificar los remedios para paliar dichos efectos y, en su caso, potenciar los positivos. En definitiva, nuestra discusión política (y jurídica) no se centra (al menos hasta la fecha) en los fines de corte humanista a los que debe servir la técnica (el sistema técnico), sino que nos interpela para plantearnos cómo protegernos de ella, dada la lógica totalitaria a que está expuesto el sistema.

Que la inteligencia artificial deba cargar con límites, que éstos presenten un carácter normativo y que sean exógenos al sistema técnico, es un axioma incómodo para un sistema técnico como la inteligencia artificial. Y sin embargo, mantener esa incomodidad específicamente en relación con la implantación de la inteligencia artificial en el ámbito educativo ha sido en buena medida el cometido de esta obra. Con este propósito se ha puesto de manifiesto la necesidad de, por un lado, explorar y evaluar los límites a las tecnologías educativas empleadas en la educación de niños, jóvenes y mayores y, por otro, preservar el derecho a la educación y otros derechos fundamentales implicados en la educación en todas sus modalidades.

DERECHO A LA EDUCACIÓN Y TECNOLOGÍAS EDUCATIVAS

El derecho a la educación (en su doble faz de derecho individual y mandato de prestación de servicio) es permeable a la influencia de la inteligencia artificial. Las tecnologías educativas que ha desarrollado la industria, empujada ésta por las expectativas de ganancias comerciales, están transformando la educación y con ella, el derecho a la educación. Para entender el impacto de estos cambios, debemos conocer el alcance de las tecnologías educativas y lograr diferenciarlas del mero recurso a herramientas digitales (libros digitales, pizarras digitales, ejercicios digitales, etc.).

Existen sistemas de inteligencia artificial diseñados para ayudar a los discentes en su proceso de aprendizaje, como, por ejemplo, los sistemas de tutorización inteligente, las plataformas de aprendizaje colaborativo, el auto-aprendizaje o incluso los sistemas de generación automática de exámenes y autoevaluación. Otras tecnologías se orientan a asistir a los docentes. Es el caso de las conocidas herramientas de detección del plagio, de búsqueda de materiales docentes o de evaluación sumativa automática. Finalmente, las administraciones educativas, responsables de la prestación del servicio público de educación, también cuentan con herramientas desarrolladas en el ámbito de las tecnologías educativas como los sistemas de alerta o de detección temprana de abandono escolar o el *e-proctoring*, por mencionar algunas de las más conocidas.

Estas herramientas comparten el diseño propio de los sistemas de inteligencia artificial. En primer lugar, es requieren de una gran cantidad de datos de todo tipo (resultados educativos, conductuales, fisiológicos, médicos, socio-económicos, etc.) de los que el algoritmo extrae correlaciones (ajenas a cualquier lógica de imputación). El siguiente paso es el diagnóstico de la situación del estudiante y la anticipación de su evolución asistida por la creación de perfiles de estudiantes tipo, procesos de aprendizaje tipo, de resultados de evaluación tipo, etc.). Finalmente, la tecnología educativa es capaz de proponer acciones pedagógicas adecuadas al diagnóstico que ha arrojado el algoritmo.

Disponemos así de herramientas que convierten la educación en una actividad personalizada, centrada en el estudiante, ya que la máquina es capaz de detectar sus singularidades, adaptarse a sus específicas necesidades y proponerle un adecuado *iter* formativo. La educación personalizada, respaldada por la inteligencia artificial, permite una educación flexible que supere los currículos monolíticos y la educación estandarizada. El discurso político de la OCDE y de la Unión Europea ha hecho suyo esta visión optimista, de éxito de la educación personalizada, incluso del aprendizaje automatizado (Vincent-Lancrin y van der Vlies, 2020), y todo ello pese a que no existen pruebas empíricas sobre el impacto positivo que vaya a tener la inteligencia artificial sobre la educación (Holmes, 2022b).

Aún compartiendo una concepción optimista sobre el papel que cabe esperar de las tecnologías educativas en la mejora de la educación, nos topamos con varios retos que no debemos orillar. En primer lugar, el éxito de las herramientas depende de que el estudiante encaje en el tipo de discente presupuesto por el sistema, lo que promueve, paradójicamente, una homogenización de los estudiantes. En segundo lugar, estas herramientas se asientan sobre una representación simplificada del proceso educativo adoptada al margen de cualquier debate pedagógico. Y, en tercer lugar, la educación personalizada y la educación automatizada plantean el inquietante debate sobre qué se puede automatizar en la educación y hasta qué punto sea posible incluso reemplazar al docente por la tecnología educativa.

Los límites a la inteligencia artificial en la educación deben ser abordados en un plano jurídico y, en particular, considerando la educación en su doble vertiente de derecho y de prestación, en la doble faz que presenta el artículo 27 CE. En cuanto prestación, se nos confronta con los debates relativos a qué educación deseamos y para qué contexto; en cuanto derecho individual, nos vemos abocados a participar en el debate sobre el alcance de los derechos fundamentales en la regulación de la inteligencia artificial prevista en la normativa europea, y muy en particular en el RIA.

EL NUEVO PERFIL DEL DERECHO A LA EDUCACIÓN

Las tecnologías educativas son sistemas socio-técnicos no solo porque sus sujetos sean personas sino, además, porque la educación es una actividad contextual que se fundamenta en el aprendizaje socio-cultural que adquirimos. En otras palabras, si queremos hacer un uso adecuado de las tecnologías educativas, no cabe eludir debates esenciales: ¿cuál es el propósito verdadero de la educación? ¿Se limita a preparar a los estudiantes para futuros empleos, o se dirige más bien a proporcionar un más amplio desarrollo de la personalidad y la autorrealización? Estos debates revisten especial importancia en un momento en el que la influencia de la inteligencia artificial y otras tecnologías está transformando rápidamente el mercado laboral, creando una demanda de habilidades y competencias en constante cambio.

Es cierto que el ámbito subjetivo del derecho a la educación no ha cambiado (sigue siendo universal); sin embargo, su ámbito objetivo sí se está acomodando a las nuevas expectativas y servicios que se esperan como parte de la prestación del servicio educativo. La educación se transforma en una suerte de plataforma formativa desde la que transitar a distintos aprendizajes abiertos a todo tipo de recursos, incluidos las tecnologías educativas. En este sentido, la respuesta de nuestros servicios educativos ha sido la potenciación de una educación basada en competencias vinculada al aprendizaje a lo largo de toda la vida, y la educación digital. Estas nuevas formas de formación representan los nuevos contenidos del derecho a la educación, cuya prestación debe quedar garantizada por los poderes públicos.

Conforme la sociedad progresa hacia una era cada vez más automatizada, resulta crucial reconsiderar la conceptualización y prestación del servicio educativo. De las reflexiones de Tuomi (2018, p. 34) se desprende que esta revisión podría conducir a una reestructuración del modelo de educación formal estandarizada, que transitaría hacia una orientación más completa y favorable al aprendizaje continuo a lo largo de toda la vida. Después de todo, las tecnologías educativas permiten un aprendizaje auto-dirigido, donde los individuos interaccionan de forma autónoma con sistemas tecnológicos, moldeando sus propios procesos de aprendizaje. Esta metodología fomenta la integración de conocimientos previos con nuevos contenidos, y la transferencia de competencias entre diferentes áreas, facilitando así el desarrollo constante de nuestra educación. Las consecuencias de estas transformaciones son muy considerables, puesto que la consideración del derecho a la educación como un principio adaptable y continuo a lo largo de toda la vida, redunda en el reconocimiento de su renovada importancia y trascendencia, gracias a la constatación de el aprendizaje no se limita únicamente al ámbito escolar, sino que constituye un proceso en evolución, ajustado a los cambios sociales y los intereses individuales.

Por otro lado, la llegada de las tecnologías digitales y la inteligencia artificial nos lleva a reconsiderar y ampliar el alcance de estos mandatos constitucionales del derecho a la educación: el sistema educativo debe ofrecer no sólo una trasmisión de conocimientos, sino la adquisición de habilidades transversales, como el pensamiento crítico, la resolución de problemas, la creatividad y la capacidad de adaptación. Alcanzar estos mandatos en un entorno cada vez más distorsionado por la llamada *postverdad*, las noticias falsas, la desinformación (ya sea intencional o no) y la disminución del pluralismo en las plataformas de redes sociales, es posible si se prioriza el bienestar del estudiante, su capacidad de análisis crítico y se fomenta una educación basada en la libertad, aspectos indispensables para garantizar la participación activa de los ciudadanos en una democracia sólida.

En este sentido, la educación digital, o alfabetización digital, se impone como nuevo contenido del servicio educativo. La competencia digital abarca una faceta individual, que involucra la adquisición de habilidades para utilizar tecnologías digitales con el fin de acceder, gestionar, comprender, integrar, comunicar, evaluar, crear y difundir información de manera segura y adecuada. Asimismo, posee la educación digital una dimensión política ineludible (según la Comisión Europea, 2022), puesto que presupone y exige potenciar la capacidad de participar en debates dentro de un entorno plural donde las posturas pueden ser divergentes y las opiniones diversas en su naturaleza.

DERECHOS FUNDAMENTALES E INTELIGENCIA ARTIFICIAL

Las tecnologías educativas, como sistemas técnicos, contienen reglas que expresan una racionalidad instrumental de medios a fines, que es neutral con respecto a juicios valorativos. Sin embargo, como sistemas que se aplican en el contexto de una sociedad, (sistemas socio-técnicos) quedan sujetos a valoraciones de orden normativo. Desde esta perspectiva, el derecho está llamado a ser (por lo menos en términos democráticos) el instrumento más adecuado para ejercer el control de los sistemas socio-técnicos. Además, si reclamamos una inteligencia artificial centrada en el individuo, además de las técnicas regulatorias del derecho, serán los derechos fundamentales los que se conviertan en la clave de bóveda del control de sistemas tecnológicos y en especial de los sistemas socio-técnicos.

El marco regulatorio que ha desarrollado la Unión Europea en el RIA y con el que quiere liderar globalmente el modelo regulatorio de inteligencia artificial, ha prestado especial atención a los derechos fundamentales para definir cuáles son los sistemas de inteligencia artificial de alto riesgo y para someter a estos sistemas a la evaluación de impacto sobre los derechos fundamentales.

En efecto, tras el análisis del RIA, se puede concluir que, *prima facie* son sistemas de inteligencia artificial de alto riesgo aquellos enumerados en el Anexo III, y quedarán sujetos a las obligaciones establecidas en el RIA cuando, una vez ponderadas todas las circunstancias (*all things considered*, al decir de los anglófonos) presenten un riesgo significativo de causar perjuicios a la salud, la seguridad o los *derechos fundamentales* de las personas físicas.

En la obra se ha dado buena cuenta de cómo el RIA regula la inteligencia artificial mediante la denominada técnica armonizadora del nuevo enfoque, una suerte de colaboración público privada donde, junto a los organismos de normalización (de naturaleza privada) interviene la Comisión Europea a través de la aprobación de especificaciones comunes. Pues bien, las normas armonizadoras que se aplican a los sistemas de inteligencia artificial para su comercialización, ya sean especificaciones técnicas (elaboradas por los organismos de normalización como ISO o CEN-CELENEC) o las especificaciones comunes de la Comisión Europea, contendrán consideraciones sobre los derechos fundamentales tanto a la hora de identificar un sistema de inteligencia artificial de alto riesgo, como a la hora de valorar su impacto sobre los derechos fundamentales. En este sentido, incorporarán necesariamente el test de proporcionalidad dirigido a la ponderación de los principios fundamentales en conflicto a cargo de los propios desplegadores de los sistemas de inteligencia artificial.

La naturaleza jurídica de las normas armonizadoras, intensificada por la incorporación de la protección de los derechos fundamentales en su elaboración, genera nuevos desafíos a los que se enfrentan los grupos de trabajo en el ámbito de la normalización de la inteligencia artificial (McFadden, *et al.*, 2021). El más acuciante consiste en garantizar la participación de los entes dedicados a la protección de los derechos fundamentales y contar con el asesoramiento de expertos en derechos fundamentales, es decir, con juristas (McFadden, *et al.*, 2021, 19).

La urgencia de la asesoría jurídica es evidente cuando se estudia el contenido de la evaluación de impacto sobre los derechos fundamentales. Ésta incluye operaciones intrínsecamente jurídicas que requieren conocimientos teóricos de calado. En efecto, el test de proporcionalidad, la ley de la ponderación así como su desarrollo, la fórmula del peso, exigen conocimientos especializados no solo a los operadores jurídicos (jueces, magistrados, administraciones públicas), sino también a los organismos de derecho privado que ejercen funciones públicas, e incluso a particulares (empresas de desarrollos de inteligencia artificial).

En fin, mucho se habla de la necesaria formación tecnológica de juristas. Sin embargo, si queremos una inteligencia artificial operativa en el mundo regido por el Derecho es apremiante la formación jurídica de tecnólogos. La realidad es que hasta ahora ésta tiende a reducirse al conocimiento de las disposiciones legislativas y reglamentarias que regulan la inteligencia artificial. Sin embargo, el respeto a los derechos fundamentales exigirá una sólida formación teórica a los involucrados en la aplicación de desarrollos tecnológicos, una formación que les familiarice suficientemente con nociones como los derechos fundamentales, la ponderación, la fórmula del peso y tantas otras categorías del razonamiento práctico general y jurídico en particular.

TECNOLOGÍAS EDUCATIVAS Y EVALUACIÓN DE IMPACTO SOBRE LOS DERECHOS FUNDAMENTALES

De acuerdo con el RIA, hay sistemas de inteligencia artificial que se utilizan en el ámbito educativo que son considerados *prima facie* de alto riesgo (artículo 6.2 y Anexo III RIA) y a los que se impone la evaluación de impacto sobre los derechos fundamentales. En concreto, de acuerdo con el apartado 3 del Anexo III RIA, son sistemas de inteligencia artificial de alto riesgo las siguientes tecnologías educativas:
- Los destinados a ser utilizados para determinar el acceso o admisión.
- Los destinados a ser utilizados para evaluar los resultados del aprendizaje.
- Los destinados a ser utilizados con el fin de evaluar el nivel educativo del discente.
- Los destinados a ser utilizados para vigilar y detectar comportamientos prohibidos de estudiantes durante exámenes.

Estos sistemas (casos de uso) se consideran correctamente de alto riesgo porque pueden influir en la trayectoria educativa y profesional de la vida de un individuo y, por lo tanto, incidir en su desarrollo laboral y profesional.

En el marco de las tecnologías educativas mencionadas, es crucial examinar las posibles amenazas que podrían surgir para los derechos fundamentales a fin de establecer medidas de mitigación y reducción de riesgos. Se trata de uno de los objetivos de la evaluación de impacto sobre los derechos fundamentales. Además, este análisis también resulta relevante para supervisar la actividad administrativa, específicamente para determinar su validez o nulidad (de pleno derecho) debido a violaciones de derechos y libertades protegidos por recurso de amparo (artículo 47.1.a LPAC).

Con el fin de construir los cimientos del modelo regulatorio que propone el RIA, en el estudio se han identificado posibles afectaciones de los derechos fundamentales involucrados en la aplicación de tecnologías educativas. Entre éstos destacan principalmente el derecho a la educación y el principio de no discriminación. No obstante, no son los únicos, puesto que las tecnologías educativas también pueden incidir en la dignidad humana, el derecho a la intimidad y protección de datos, el derecho a la tutela judicial efectiva, el principio de autonomía, la participación y el buen gobierno.

En lo que respecta al principio iusfundamental a la educación (artículo 27 CE) pueden verse afectados por los sistemas de inteligencia artificial los siguientes aspectos:

- Acceso y equidad: La implementación de tecnologías educativas en decisiones sobre el acceso a etapas educativas puede exacerbar las desigualdades existentes, ya que los algoritmos pueden reflejar sesgos presentes en los datos utilizados para su *entrenamiento*. La evaluación de impacto sobre el derecho a la educación debe considerar el acceso equitativo a las oportunidades educativas y la posible limitación de la capacidad de los estudiantes para acceder en igualdad de condiciones.

- Decisiones sobre admisión: Los sistemas de admisión basados en algoritmos deben ser diseñados para minimizar sesgos y garantizar la transparencia en el proceso de toma de decisiones. Es esencial considerar la diversidad y singularidad de cada candidato en los procesos de admisión para evitar prácticas discriminatorias.

- Decisiones sobre evaluación: La inteligencia artificial utilizada en sistemas de evaluación externa puede presentar sesgos y riesgos de manipulación del sistema, lo que afecta la equidad en la evaluación. La falta de personalización y el riesgo de *gaming the system* son preocupaciones adicionales en la implementación de tecnologías educativas en la evaluación.

- Acceso equitativo: El acceso equitativo a las tecnologías educativas es fundamental para garantizar la igualdad de oportunidades en la educación. Este derecho incluye también adquirir competencias digitales ya que distintos niveles de educación digital serán un obstáculo para el acceso equitativo a la educación.

- Calidad y efectividad: La implementación de tecnologías educativas no garantiza la mejora de la calidad y efectividad de la educación, y puede generar desafíos éticos y prácticos, en especial porque los desarrollos tecnológicos se plantean como si fueran ajenos a debates pedagógicos o éticos relacionados con la enseñanza.

- Aprendizaje a lo largo de la vida: Las tecnologías educativas pueden apoyar el aprendizaje a lo largo de la vida, pero deben diseñarse con cuidado para garantizar la privacidad, la protección de datos y la equidad en el acceso. La centralización de datos en e-portfolios educativos plantea interrogantes éticos relacionados con la privacidad y la dignidad humana que deben abordarse en la evaluación de impacto.

La dignidad humana del artículo 10.1 CE (en su concepción relativa, tal y como defiende Robert Alexy) es un principio especialmente afectado en el uso de tecnologías dirigidas niños y jóvenes. En la ponderación de este principio, entran en juego otros como el derecho a recibir una educación efectiva y de calidad.

El principio de igualdad (artículo 14 CE) es esencial en el ámbito de las tecnologías educativas porque éstas, como muchos sistemas de inteligencia artificial agravan la desigualdad y la discriminación en el ámbito educativo. El riesgo puede apreciarse en relación con el acceso a las tecnologías educativas tanto desde el punto de vista de los requisitos tecnológicos (dispositivos, acceso a internet, acceso a las herramientas) como desde el punto de vista de los niveles de educación digital, o la adecuación de las tecnologías al contexto social, cultural, y axiológico en el que operará.

Por lo que se refiere al derecho a la privacidad y a la protección de datos (artículo 18.4 CE) la comercialización de las tecnologías educativas tiene un impacto significativo en los usuarios, ya que las empresas recopilan datos sobre su uso sin su consentimiento o asentimiento, lo que les permite obtener beneficios adicionales en la industria tecnología publicitaria.

La explicabilidad de las tecnologías educativas está relacionada con la autonomía (artículo 10.1 CE), porque conocer cómo funciona un algoritmo, y que se nos explique cómo se ha llegado a un resultado concreto, nos permite retener cierto control sobre la decisión que recaerá en el usuario. La explicabilidad también está relacionada con la tutela judicial efectiva (artículo 24.1 CE) entendido como derecho de impugnación que se extiende a la impugnación de decisiones apoyadas o alcanzadas mediante sistemas automatizados de decisión. Es consustancial al ejercicio de este derecho, por tanto, el conocer la justificación de la decisión a fin de impugnarla. No podemos justificar una decisión reproduciendo la explicación que ofrezca la máquina; el cometido es justificar el recurso mismo a la inteligencia artificial en cuanto proveedores de enunciados empíricos. Para ello, se exige la consabida evaluación de impacto previa a la que deben ser sometidos los desarrollos tecnológicos y la garantía de la intervención humana, la supervisión de los resultados, y la reevaluación de su funcionamiento (Cotino Hueso, 2022b, p. 77).

FINANCIACIÓN DE LA TRANSFORMACIÓN DIGITAL EN EDUCACIÓN

Como se ha indicado, Europa quiere liderar el modelo regulatorio de inteligencia artificial, emulando el éxito que obtuvo en la protección de datos. Ahora bien, el liderazgo no solo entraña modelos de gobernanza sino, sobre todo, inversiones millonarias. ¿Cómo se financia la trasformación digital en Europa? Para contestar a esta pregunta, que en Europa no tiene una respuesta sencilla, se ha examinado el Semestre Europeo, el mecanismo de coordinación macroeconómica utilizado por la Unión Europea. El Semestre Europeo armoniza políticas económicas y sociales, incluyendo las inversiones en transformación digital y en educación.

Comprender el funcionamiento de este mecanismo de coordinación nos permite denunciar su falta de legitimidad democrática. En primer lugar las comunidades autónomas (responsables principales del servicio educativo) y los entes locales no participan en el Semestre Europeo de forma activa por distintas razones: (i) la complejidad institucional, la capacidad técnica y la necesaria inversión que requiere el Semestre Europeo; (ii) la necesidad de mayores inversiones institucionales; y (iii) la falta de un claro valor añadido en las contribuciones que hacen las regiones y los entes locales. Además la ausencia de actores sociales en la elaboración, ejecución y control de las reformas e inversiones sociales agrava la falta de legitimidad. La escasa o nula implicación de los agentes sociales en el diseño y la adopción de las inversiones en educación sigue siendo notoria en España.

EL ELEMENTO CONTEXTUAL DE LAS TECNOLOGÍAS EDUCATIVAS

Los sistemas socio-técnicos responden a la inquietud de evitar la contradicción entre la eficiencia de la máquina y la del ser humano. Intriga saber cómo se logra tal cosa porque la racionalidad de una máquina no es la de un ser humano. La clave está en su abstracción. Los tecnólogos computacionales abstraen la equidad y la justicia hasta convertirlos en propiedades de la caja negra (Selbst, *et al.,* 2019, p. 59). En el caso de las tecnologías educativas, se procede de la misma manera con valores como la equidad en el acceso a la educación, la educación de calidad, o la evaluación de logros. Pero abstraer los valores de la sociedad para hacerlos elementos del algoritmo quizás no sea la mejor estrategia, si lo que necesitamos es controlar el propio sistema técnico. El cambio significativo, y que ni siquiera la Unión Europea parece emprender, consiste en entender el carácter contextual en el que se aplican los sistemas de inteligencia artificial en el ámbito educativo.

En este sentido la participación de los usuarios finales en la elaboración de las tecnologías educativas que utilizarán las administraciones públicas, permite aumentar la confianza en las herramientas tecnológicas. Además, la promoción de la participación en el diseño de herramientas de tecnología educativa puede evitar afectaciones al principio de no discriminación y servir de barrera a la discriminación. En este sentido, en la evaluación de impacto sobre los derechos fundamentales de las tecnologías educativas se debe examinar hasta qué punto los desarrolladores de tecnologías educativas garantizan una atención suficiente al usuario, permitiendo que personas de diversos orígenes y con diversas características y habilidades hayan participado en la construcción de la herramienta, o incluso participen en su desarrollo y control.

En esta misma línea, sería beneficioso para el diseño de cualquier herramienta tecnológica educativa que se promovieran consultas a las partes interesadas, como indica Smuha (2022, p. 129) de modo que aquellos directa o indirectamente afectados por el sistema de inteligencia artificial pudieran contribuir a mejorar las decisiones sobre su diseño y uso. La solicitud de comentarios de aquellos involucrados, ya sean escuelas, profesores, estudiantes o padres, es beneficiosa no solo para detectar posibles errores o sesgos en el sistema, sino también para mejorar aún más la utilidad y la facilidad de uso de las tecnologías educativas.

BIBLIOGRAFÍA

Agencia de los derechos fundamentales de la Unión Europea (2021). *Construir correctamente el futuro. La inteligencia artificial y los derechos fundamentales*. FRA-Oficina de Publicaciones de la Unión Europea.

Alabdulkareem, Amal, Noura Alhakbani, y Abeer Al-Nafjan (2022). A systematic review of research on robot-assisted therapy for children with autism. *Sensors*, 22(3), 944. https://doi.org/10.3390/s22030944

Aleven, Vincent, Bruce McLaren, Ido Roll y Kenneth R. Koedinger (2016). Help helps, but only so much: Research on help seeking with intelligent tutoring systems. *International Journal of Artificial Intelligence in Education*, 26(1), 205-223.

Alexy, Robert (1989). *Teoría de la argumentación jurídica*, Manuel Atienza e Isabel Espejo (trad.), Centro de Estudios Constitucionales.

— (2007). Data y los derechos humanos. Mente positrónica y concepto dobletriádico de persona. En Robert Alexy y Alfonso García Figueroa, *Start Trek y los derechos humanos*. Tirant lo Blanch.

— (2014). Dignidad humana y el juicio de proporcionalidad, Alfonso García Figueroa (trad.). *Parlamento y Constitución*, 16, 9-28.

Álvarez García, Vicente y Jesús Tahirí Moreno (2023). La regulación de la inteligencia artificial en Europa a través de la técnica armonizadora del nuevo enfoque. *Revista General de Derecho Administrativo*, 63.

Álvarez García, Vicente (1999). *La normalización industrial*. Tirant lo Blach.

— (2017). La confirmación por parte de la jurisprudencia del Tribunal de Justicia de la Unión Europea de la capacidad normativa de los sujetos privados y sus lagunas jurídicas (el Asunto «James Elliott Construction Limited contra Irish Asphalt Limited). *Revista General de Derecho Administrativo*, 46, 1-44.

— (2020). *Las normas técnicas armonizadas (una peculiar fuente del Derecho europeo)*, Iustel.

Arroyo Jiménez, Luís (2009). Ponderación, proporcionalidad y Derecho Administrativo. *InDret, Revista para el análisis del derecho*, 4. https://indret.com/ponderacion-proporcionalidad-y-derecho-administrativo/

Baker, Ryan S. (2021). Artificial intelligence in education: Bringing all together. *OECD Digital Education Outlook 2021*. OCDE, 43-56. https://doi.org/10.1787/589b283f-en

Beck, Ulrich (1988). *Gegengifte: Die organisierte Unverantwortlichkeit*. Suhrkamp.

BENBOUZIND, Bilel, Yannick MENECEUR y Nathalie ALISA SMUHA (2022). Quatre nuances de régulation de l'intelligence artificielle. Une cartographie des conflits de définition. *Réseaux*, 232-233, 29-64. DOI 10.3917/res.232.0029

BERENDT, Bettina, Allison LITTLEJOHN y Mike BLAKEMORE (2020). AI in education: learner choice and fundamental rights. *Learning, Media and Technology*, 45(3), 312-324.

BIESTA, Gert J.J. (2011). *Good Education in an age of measurement: Ethics, politics, democracy.* Paradigm Publishers.

BOSH, Nigel, Sidney D´MELLO, Ryan BAKER, Jaclyn OCUMPAUGH, Valerie SHUTE, Matthew VENTURA, Lubin WANG y Weinan ZHAO (2015). Automatic Detection of Learning-Centered Affective States in the Wild. *Proceedings of the 20th International Conference on Intelligent User Interfaces - IUI '15.* https://doi.org/10.1145/2678025.2701397.

BOWERS, Alex J. (2021). Early warning systems and indicators of dropping out of upper secondary school: the emerging role of digital technologies. *OECD Digital Education Outlook 2021*, OCDE, 173-195.

BULATHWELA, Sahan, María PÉREZ-ORTÍZ, Catherine HOLLOWAY y John SHAWE-TAYLOR (2021). Could AI Democratise Education? Socio-Technical Imaginaries of an EdTech Revolution. Paula Rodriguez Diaz, Tejumade Afonja, Konstantin Klemmer, Aya Salama, Niveditha Kalavakonda, Oluwafemi Azeez, Simone Fobi (eds.). *Proceedings of the NeurIPS Workshop on Machine Learning for the Developing World.* https://doi.org/10.48550/arXiv.2112.02034

CERRILLO I MARTÍNEZ, Agustí (2019). El impacto de la inteligencia artificial en el Derecho administrativo. ¿Nuevos conceptos para nuevas realidades técnicas? *Revista General de Derecho*, 50.

COMISIÓN EUROPEA (2020). *Libro blanco sobre la inteligencia artificial – un enfoque europeo orientado a la excelencia y la confianza*, COM(2020) 65 final.

— (2022). *Final report of the Commission expert group on tackling disinformation and promoting digital literacy through education and training.* Oficina de Pulicaciones de la Unión Europea.

COMITÉ EUROPEO DE LAS REGIONES (2017). *Mejorar la gobernanza del Semestre Europeo: un código de conducta para la participación de los entes locales y regionales*, 2017/C 306/05.

— (2019). *The European semester and cohesion policy: aligning structural reforms with long-term investments* (2019/C 275/01), ECON-VI/040.

COPELAND, Paul y Mary DALY (2018). The European Semester and EU Social Policy. *Journal of Common Market Studies*, 56(4), 1001-1018.

CORTI, Francesco y Jorge NÚÑEZ FERRER (26 de abril de 2021). Steering and Monitoring the Recovery and Resilience Plans. *CEPS Recovery and Resilience Reflection Papers.* https://www.ceps.eu/ceps-publications/steering-and-monitoring/

COSTAMAGNA, Francesco (2013). The European Semester in Action: Strengthening Economic Policy Coordination While Weakening the Social Dimension? *LPF-WEL Working Paper*, 5.

COTINO HUESO, Lorenzo (2020). La enseñanza digital en serio y el derecho a la educación en tiempos del coronavirus. *Revista de educación y derecho*, 21, https://doi.org/10.1344/REYD2020.21.31283

— (2022a). Nuevo paradigma en las garantías de los derechos fundamentales y una nueva protección de datos frente al impacto social y colectivo de la inteligencia artificial. En Lorenzo Cotino Hueso (dir.), *Derechos y garantías ante la inteligencia artificial y las decisiones automatizadas*. Aranzadi.

— (2022b). Sistemas de inteligencia artificial con reconocimiento facial y datos biométricos. Mejor regular bien que prohibir mal. *El cronista del Estado Social y Democrático de Derecho*, 100, 68-79.

CREEL, Jerôme, Nicolas LERON, Xavier RAGOT y Francesco SARACENO (2021). Embedding the Recovery and Resilience Facility into the European Semester. *ETUI Policy Brief*, 14.

CZUBALA, Ostapiuk y Laura LARA (2020). Semestre Europeo: La nueva arquitectura de gobernanza económica y los objetivos sociales. *Revista de Estudios Europeos*, 76, 20-31.

DANOWSKY, Dévorah y Eduardo VIVEIROS DE CASTRO (2019). *¿Hay un mundo por venir? Ensayo sobre los miedos y los fines*. Rodrigo Álvarez (trad.). Caja Negra.

D'MELLO, Sidney K.D. (2021). Improving student engagement in and with digital learning techonologies. *OECD Digital Education Outlook 2021*, OCDE, 79-104.

DAWSON, Mark (2018). New governance and the displacement of social Europe: the case of the European Semester. *European Constitutional Law Review*, 14, 191-209.

DOMÍNGUEZ-BERRUETA DE JUAN, Miguel y Miguel Ángel SENDÍN GARCÍA (2005). *Derecho y educación: Régimen jurídico de la educación*. Ediciones Universidad Salamanca.

DOSHI-VELEZ, Finale y Mason KORTZ (2017). Accountability of AI Under the Law: The Role of Explanation. *Berkman Klein Center Working Group on Explanation and the Law*, Berkman Klein Center for Internet & Society working paper. https://dash.harvard.edu/handle/1/34372584

ELLUL, Jacques (1977). *Le sytème technician*. Calmann-Lévy.

ESQUIROL, Josep M. (2011). *Los filósofos contemporáneos y la técnica. De Ortega a Sloterdijk*. Gedisa.

ESTÉVEZ ARAÚJO, José A. y Joan RAMOS TOLEDANO (2018). La participación de los stakeholders en los procesos de gobernanza: mito y realidad. *Astrolabio. Revista internacional de Filosofía*, 22, 49-63.

FERNÁNDEZ DOMÍNGUEZ, Adrián (2020). La respuesta europea a la crisis de la COVID-19: Análisis jurídico del Next Generation EU y gobernanza económica del Mecanismo de Recuperación y Resiliencia. *Estudios Deusto*, 69(2), 265-303.

FERNÁNDEZ PASARÍN, Ana Mar, Renaud DEHOUSSE y Joe PERE PLAZA (2020). Comitology: the strength of dissent. *Journal of European Integration*, 43(3), 311-330.

FERRARI, Anusca (2013). *DIGCOMP: A Framework for Developing and Understanding Digital Competence in Europe*. JRC Scientific and Policy Report-Comisión Europea.

FRINKELSTEIN, Simon, Umesh SHARMA y Bert FURLONGER (2019). The inclusive practices of classroom teachers: a scoping review and thematic analysis. *International Journal of Inclusive Education*, 25(1), 1-28 http://dx.doi.org/10.1080/13603116.2019.1572232

GARCÍA SAN JOSÉ, Daniel (2021). Implicaciones jurídicas y bioéticas de la inteligencia artificial (IA). Especial consideración al marco normativo internacional. *Cuadernos de derecho transacional*, 13(1), 255-276. https://doi.org/10.20318/cdt.2021.5959

GOLTZ, Nachshon y Joel GILMORE (2018). The Work of Law in the Age of Artificial Intelligence, or How is the Academy Dealing with the «Fourth Revolution»?. *Robotics, Artificial Intelligence & Law*, 1(2), 27–32.

GOOSSENS, Sophie y Roch P. GLOWACKI (2019). Will the EU be an Exporter of Ethical Artificial Intelligence?. *Robotics, Artificial Intelligence & Law*, 2(5), 351-355.

GRUPO INDEPENDIENTE DE EXPERTOS DE ALTO NIVEL SOBRE INTELIGENCIA ARTIFICIAL (2019a). *Directrices éticas para una IA fiable*. Oficina de Publicaciones de la Unión Europea. https://digital-strategy.ec.europa.eu/en/library/ethics-guidelines-trustworthy-ai

— (2019b). *Policy and Investment Recommendations for Trustworthy AI*. Oficina de Publicaciones de la Unión Europea. https://digital-strategy.ec.europa.eu/en/library/policy-and-investment-recommendations-trustworthy-artificial-intelligence

— (2020a). *Assessment List for Trustworthy Artificial Intelligence (ALTAI) for self-assessment*. Oficina de Publicaciones de la Unión Europea. https://digital-strategy.ec.europa.eu/en/library/assessment-list-trustworthy-artificial-intelligence-altai-self-assessment

— (2020b). *Sectoral Considerations on the Policy and Investment Recommendations for Trustworthy Artificial Intelligence*. Oficina de Publicaciones de la Unión Europea. https://futurium.ec.europa.eu/en/european-ai-alliance/document/ai-hleg-sectoral-considerations-policy-and-investment-recommendations-trustworthy-ai

GUTIÉRREZ DAVID, María Estrella (2021). Administraciones inteligentes y acceso al código fuente y los algoritmos públicos. Conjurando riesgos de cajas negras decisionales. *Derecom*, 30, 143-228. http://www.derecom.com/derecom/

HAGENDORFF, Thilo (2020). The Ethics of AI Ethics: An Evaluation of Guidelines. *Minds and Machines*, 30, 99-120. https://doi.org/10.1007/s11023-020-09517-8

HENDRY, Justin (30 de enero de 2018). Govts dump NAPLAN robot marking plans. *ITnews*, https://www.itnews.com.au/news/govts-dump-naplan-robo-marking-plans-482044

HERNÁNDEZ PEÑA, Juan Carlos (2021). Gobernanza de la inteligencia artificial en la Unión Europea. La construcción de un marco ético-jurídico aun inacabado. *Revista General de Derecho Administrativo*, 56.

HERNÁNDEZ-LEO, Davinia (2022). Directions for responsable design and use of AI by children and their communities: Examples in the field of Education. En V. Charisi, *et al.* (eds.) *Artificial Intelligence and the Rights of the Child*. JRC Science for Policy Report.

HILDEBRANDT, Mireille (2011). Legal Protection by Design: Objections and Refutations. *Legisprudence*, 5, 223-248.

HOLMES, Wayne y Ilka TUOMI (2022). State of the art and practice in AI in education. *European Journal of Education*, 57, 542-570.

HOLMES, Wayne, Jen PERSSON, Irene-Angelica CHOUNTA, Barbara WASSON y Vania DIMITROVA (2022a). *Artificial Intelligence and Education. A critical view through the lens of human rights, democracy and the rule of law*. Consejo de Europa.

HOLMES, Wayne, Kaska PORAYSKA-POMSTA, Ken HOLSTEIN, Emma SUTHERLAND, Toby BAKER, Simon BUCKINGHAM SHUM, Olga C. SANTOS, Mercedes T. RODRIGO, Mutlu CUKUROVA, Ig Ibert BITTENCOURT y Kenneth R. KOEDINGER (2022b). Ethics of AI in Education: Towards a Community-Wide Framework. *International Journal of Artificial Intelligence in Education*, 32, 504–526. https://doi.org/10.1007/s40593-021-00239-1

HOLSTEIN, Kenneth y Shayan DOROUDI (2022). Equity and Artificial Intelligence in education. En Wayne Holmes y Kaska Porayska-Pomsta (eds.) *The Ethics of Artificial Intelligence in Education: Practices, Challenges and Debates.* Taylor & Francis Group, 152-173.

HUMAN RIGHT WATCH (2022). *How Dare They to Peep into My Private Live.* Editorial HRW.

HWANG GWO-JEN HWANG, Haoran Xie y Dragan Gašević (2020). *Vision, challenges, roles and research issues of artificial intelligence in education.* Elsevier.

IFENTHALER, Dirk (2021). Learning analytics for school and system management. *OECD Digital Education Outlook 2021.* OCDE, 161-172.

JANSEEN, Helen, Michelle SENG AH LEE y Jatinder SINGH (2022). Practical fundamental right impact assessment. *International Journal of Law and Information Technology,* 30, 200–232. https://doi.org/10.1093/ijlit/eaac018

JING, M. y Soo Z. (10 de abril de 2019). Brainwave-tracking start-up BrainCo in controversy over tests on Chinese schoolchildren. *South China Morning Post.* https://www.scmp.com/tech/start-ups/article/3005448/brainwave-tracking-start-china-schoolchildren-controversy-working

KAPLAN, Alex y Fiorella GARCIA (2019). *Blockchain is the next step in democratizing education.* IBM Blockchain Blog. https://www.ibm.com/blogs/blockchain/2019/09/blockchain-is-the-next-step-in-democratizing-education/

KELSEN, Hans (1994). *Teoría general de las normas,* H. Delory (trad.). Trillas.

KHOSRAVI, Hassan, Simon BUCKINGHAM SHUM, Guanliang CHEN, Cristina CONATI, Yi-Shan TSAI, Judy KAY, Simon KNIGHT, Roberto MARTINEZ-MALDONADO, Shazia SADIQ y Dragan Gašević (2022). Explaina-ble Artificial Intelligence in education. *Computers and Education: Artificial Intelligence,* 3. https://www.sciencedirect.com/science/article/pii/S2666920X22000297

LEINO-SANDBERG, Päivi y Fernando LOSADA FRAGA (2020). *How to make the European Semester more effective and legitimate?* European Parliament-Economic Governance Support Unit.

LESLIE, David, Christopher BURR, Mhairi AITKEN, Josh COWKS, Mike KATELL y Morgan BRIGGS (2021). *Artificial Intelligence, Human Rights, Democracy and the Rule of Law: a Premier.* Consejo de Europa y The Alan Turning Institute.

LLANO ALONSO, Fernando (2018). *Homo Excelsior. Los límites éticos-jurídicos del transhumanismo.* Tirant lo Blanch.

MANTELERO, Alessandro (2022). *Beyond Data. Human Rights, Ethical and Social Impact Assessment in AI.* Asser Press. https://doi.org/10.1007/978-94-6265-531-7

MARTÍN-RETORTILLO BAQUER, Lorenzo (2013). Los derechos de los padres sobre la educación de sus hijos según la jurisprudencia del Tribunal Europeo de Derechos Humanos, y la «enseñanza en casa». *REDA* 158, 157-184.

MARTÍNEZ DE PISÓN CAVERO, José María (2013). *Derecho a la educación y libertad de enseñanza.* Dykinson.

McFADDEN, Mark, Kate JONES, Emily TAYLOR y Georgina OSBORN (2021). *Harmonizing Artificial Intelligence: The role of standards in the EU AI Regulation.* Oxford Commission on AI & Good Governance Working paper 2021(5).

McNAMARA, Andrew, Justin SMITH y Emerson MURPHY-HILL (2018). Does ACM's code of ethics change ethical decision making in software development? Gary T. Leavens,

Alessandro Garcia y Corina Păsăreanu (eds.), *Proceedings of the 2018 26th ACM joint meeting on European software engineering conference and symposium on the foundations of software engineering—ESEC/FSE 2018*. ACM Press, 1-7.

Meix Cereceda, Pablo (2013). *Descentralización de la enseñanza y derechos fundamentales. Un estudio comparado entre España y Alemania*. INAP.

Miller, T. (2019). Explanation in artificial intelligence: Insights from the social sciences. *Artificial Intelligence*, 267, 1-38.

Molenaar, Inge (2021). Personalization of learning: Towards hybrid human-AI learning technologies. *OECD Digital Education Outlook 2021*. OCDE, 57-78.

— (2022). Towards hybrid human-AI learning technologies. *European Journal of Education*, 57, 632-645. https://doi.org/10.1111/ejed.12527

Moral Soriano, Leonor (2023). Criaturas empíricas en un mundo normativo: La inteligencia artificial y el derecho. *Revista de Derecho Público. Teoría y Método*, 7, 151-174. https://doi.org/10.37417/RPD/vol_7_2023_1313

Morozov, Evegeny (13 de octubre de 2014). The planning machine. *The New Yorker*. http://www.newyorker.com/magazine/2014/10/13/planning-machine

Nemitz, Paul (2018). Constitutional democracy and technology in the age of artificial intelligence. *Philosophical Transactions of the Royal Society A*, 376. http://dx.doi.org/10.1098/rsta.2018.0089

OCDE (2021). *Digital Education Outlook 2021*, OCDE.

Orseau, Laurent y Stuart Armstrong (2016). Safely interruptible agents. *UAI'16: Proceedings of the Thirty-Second Conference on Uncertainty in Artificial Intelligence*, 557-566.

Ponce Solé, Juli (2019). Inteligencia artificial, Derecho administrativo y Reserva de Humanidad: Algoritmos y Procedimiento Administrativo debido Tecnológico. *Revista General de Derecho Administrativo*, 50.

Presno Linera, Miguel Ángel (2022). *Derechos fundamentales e inteligencia artificial*. Marcial Pons.

Pringle, R., Michael, K., & Michael, M.G. (2016). Unintended Consequences of Living with AI. *IEEE Technology and Society Magazine*, 17-21.

Rubio Llorente, Francisco (2001). Los deberes constitucionales (1). *Revista Española de Derecho Constitucional*, 62, 11-55.

Scheinert, Christian y Chistiaan van Lierop (2019). *Linking cohesion and the European Semester. Partnership and multi-level governance to boost investment and structural reforms*. European Parliament Research Service.

Selbst, Andrew D., Danah Boyd, Sorelle A. Friedler, Suresh Venkatasubramanian y Janet Vertesi (2019). Fairness and abstraction in sociotechnical systems. *Proceedings of the ACM Conference on fairness, accountability, and transparency*, 59-68.

Seldon, Anthony y Oladimeji Abidoye. (2021). *The Fourth Education Revolution: Will Artificial Intelligence Liberate Or Infantilise Humanity*. Legend Press Ltd.

Serrano Pérez, María Mercedes (2021). La educación digital constitucional como contenido esencial del derecho fundamental a la educación. *Revista Derechos Humanos y Educación*, 4, 113-135.

Shackelford, Scott y Rachel Dockery (2020), Governing AI. *Cornell Journal of Law and Policy*, 30. https://papers.ssrn.com/sol3/papers.cfm?abstract_id=3478244#

Sharples, Mike y John Domingue (2016). The blockchain and kudos: A distributed system for educational record, reputation and reward. *European Conference on Technology Enhanced Learning*: Adaptative and adaptable learning, 490-496.

SIMÓN CASTELLANO, Pere (2023). *La evaluación de impacto algorítmico en los derechos fundamentales*. Aranzadi.

SMUHA, Nathalie A. (2022). Pitfalls and pathaways for Trustworthy Artificial Intelligence in education. Wayne Holmes y Kaska Porayska-Pomsta (eds.) *The ethics of artificial intelligence in education : Practices, challenges, and debates*. Taylor & Francis Group, 113-145.

SOTO GARCÍA, Mercedes (2021). El derecho a la educación digital. De lo digital en la educación al derecho a la educación digital (Comentario al artículo 83, a la Disposición final octava, a la Disposición final décima y a la Disposición adicional vigésimo primera LOPDGDD. En Antonio Troncoso Reigada (dir.) *Comentario al Reglamento General de Protección de Datos y a la Ley Orgánica de Protección de Datos personales y Garantía de los Derechos Digitales*. Thomson Reuters Aranzadi, 3887-3943.

TEIFKE, Nils (2011). *Das Prinzip Menschenwürde. Zur Abwürgnsfähigketi des Höchstrangigen*. Mohr Siebeck.

TUOMI, Ilka (2018). *The Impact of Artificial Intelligence on Learning, Teaching, and Education*. JRC Science for Policy Report-Comisión Europea.

VALENZA, Alessandro y Paul HICKEY (2020). *Active subsidiarity and the European Semester: the involvement of cities and regions in policy-making for investment and structural reforms*. Comité Europeo de las Regiones – Comisión para la Política Económica.

VALERO TORRIJOS, Julián (2018). La tramitación del procedimiento administrativo por medios electrónicos. En Marcos Almeida y Luís Míguez (dirs.) *La actualización de la administración electrónica*. Andavira.

VALLS PRIETO, Javier (2021). *Inteligencia artificial, derechos humanos y bienes jurídicos*, Aranzadi.

VANHERCKE, Bart y Amy VERDUN (2021). The European Semester as Goldilocks: Macroeconomic Policy Coordination and the Recovery and Resilience Facility. *Journal of Common Market Studies*, 60(1), 204-223.

VANHEUVERZWIJN, Pierre y Amandine CRESPY (2018). Macro-economic coordination and elusive ownership in the European Union. *Public Administration*, 96(3), 578-593.

VINCENT-LANCRIN, Stéphan y VAN DER VLIES, Reyer (2020). *Trustworthy AI education: Promises and challenges*. OECD Education Working Papers, 218.

WACHTER, Sandra, Brend MITTELSTADT y Christ RUSSEL (2018). Counterfactual Explanations without Opening the Black Box: Automated Decisions and the GDPR. *Harvard Journal of Law & Technology*, 31(2). https://arxiv.org/abs/1711.00399

WATTERS, Audrey (2021). *Teaching machines: The history of personalized learning*. MIT Press.

WEIZENBAUM, Joseph (1977). *Computer Power and Human Reason: From Judgment To Computation*. W. H. Freeman.

WENGER, Etienne (1987). *Artificial intelligence and tutoring systems: computational and cognitive approaches to the communication of knowledge*. Morgan Kaufmann Publishers Inc.

ZALNIERIUTE, Monika, Lyria BENNET MOSES y Goerge WILLIAMS (2021). Automating Government Decision-Making: Implications for the Rule of Law. En Siddharth Peter de Souza y Maximilian Spohr (eds.)

Technology, Innovation and Access to Justice: Dialogues on the Future of Law. Edinburgh University Press, 91-111.

Zawacki-Richter, Olaf, Victoria Marín, Melissa Bond y Franziska Gouverneru (2019). Systematic review of research on artificial intelligence applications in higher education – Where are the educators?.

International Journal of Educational Technology in Higher Education, 16(39). https://doi.org/10.1186/s41239-019-0171-0

Zeitlin, Jonathan y Bart Vanhercke (2014). *Socializing the European Semester? Economic Governance and Social Policy Coordination in Europe 2020*. SIEPS.